KB077349

삶을 즐겨라
그대
자신이 되라

삶을 즐겨라 그대 자신이 되라

초판 1쇄 2022년 08월 16일

지은이 임보아 | **펴낸이** 송영화 | **펴낸곳** 굿웰스북스 | **총괄** 임종익

등록 제 2020-000123호 | **주소** 서울시 마포구 양화로 133 서교타워 711호

전화 02) 322-7803 | **팩스** 02) 6007-1845 | **이메일** gwbooks@hanmail.net

© 임보아, 굿웰스북스 2022, *Printed in Korea*.

ISBN 979-11-92259-40-6 03190 | **값 15,000원**

ENJOY

삶을 즐겨라
그대
자신이 되라

임보아 지음

YOUR LIFE

굿웰스북스

나는 과거에 나밖에 모르는 사람이었다. 세상에 대해 불신으로만 가득 차 있었다. 현실적으로 증명되지 않은 것은 무조건 무시하면서 살아온 완벽한 현실주의자였다. 그래서 더욱 내 눈으로 직접 확인할 수 있는 정보와 확실하게 드러나 있는 연구결과에만 입각하여 살아왔던 것이다. 늘 가성비만을 따져가며 계산적으로 살아왔다. 세상 사람들과의 관계보다 내가 지금 하는 일을 더 중요시했다. 그리고 사람들에게 어떻게 해서든 인정받기만을 바라며 살았다. 경쟁 속에서 상대를 누르고 내가 그 위로 올라서야만 살아남는 줄 알았다. 그래서 언제나 상대는 내가 이겨야만 하는 대상이었다. 모든 사람들을 적으로 만들어갔던 것이다.

나는 항상 그 누구보다도 건강했다고 스스로 자부하며 살았다. 필라테스와 요가 강사로서 회원들로부터 인정받고 싶은 마음에 항상 모범이 되려고 노력했다. 철저한 식단관리와 운동으로 완벽하게 나의 계획을 지켜냈고 그것이 전부인 줄 착각하며 하루하루를 보냈다. 나의 모든 행위는 자연스럽지 못했다. 항상 인위적으로 만들어져 있었다. 나의 본래의 모습을 드러내지 못하고 숨기기에만 급급했다. 오로지 완벽해 보일 수 있도록 겉으로만 포장하느라 늘 정신 없이 살았다. 그래서 그런지 항상 주변에는 사람이 없었다. 나의 인간미 없는 완벽한 모습들이 오히려 사람들을 불편하게 만들었던 것이다.

그러던 어느 날, 예상치 못했던 질병이 찾아왔다. 그렇게 건강을 위해 애써온 세월이 무색할 만큼 너무나도 허무했다. '내가 아무리 노력해도 세상은 나를 거부하는구나.'라고 생각이 들었다. 그렇게 한번 나빠진 나의 건강은 쉽게 회복되지 않았다. 아프기 전에도 워낙 건강에 관심이 많았기에 건강 관련 정보들을 그 누구보다 많이 알고 있었다. 그리고 그것을 또 주변 사람들에게 세상의 정답인 것처럼 알려주고 있었다. 그 다양한 정보들을 진짜라고 믿으면 믿을수록 나를 더 헷갈리게 만든다는 것을 알아차리지 못했다. 아픈 이후에 건강에 대한 집착이 더 심해졌다. 나의 질병에 관련된 모든 정보들을 찾아보고 공부하기 시작했다. 그 과정에서 내 질병은 약으로 해결될 수 없고, 오히려 약이 신장을 더 악화시킨다는 정보를 알게 되었다. 그 순간 약에 대한 두려움이 생겨버렸다. 약의 부작용을 심하게 겪게 되면서 그 독한 약이 나의 건강을 더욱 악화시키고 있다고 믿기 시작한 것이다. 그래서 약을 끊고 치료할 수 있는 온갖 치료방법을 알아보기 시작했다. 하지만 결국 나에게 돌아온 것은 처참한 현실뿐이었다. 결국 매번 건강은 더욱 더 악화되었다.

응급실을 일 년에 몇 번을 갔는지 이제는 기억조차 나질 않는다. 혼자서 약을 끊고 치료해보겠다고 하다가 결국 다시 더 큰 부작용으로 병원 치료를 하게 되는 과정을 수없이 반복했다. 그런 세월을 7년 동안이나 보내게 된 것이다. 나는 너무나도 지쳐 있었다. 더 이상 또 다른 정보를 찾아볼 기운도 없었다. 나는 그때서야 깨달았다. 그리고 거짓된 정보와 지식들에 나의 몸을 끼워 맞추며 더 이상 실험용 쥐가 되고 싶지 않았다. 나의 질병은 이제 더 이상 몸의 문제가 아니었음을 깨달았다. 그것은 나의 내면 깊숙한 곳에서 숨겨져 있던 아픈 상처의 결과물이었다. 그 당시 무지했던 나는 오로지 건강만을 위해 살았다. 아픈 내 모습이 마음에 들지 않았던 나는 그 누구보다도 다시 건강하게 일어나고 싶었다. 그래서 더 열심히 낫기 위해 안간힘을 썼다.

나는 나 스스로를 과소평가했다. 돈도 없고 가진 것이라고는 아픈 몸 하나라고 말이다. 그런 내 자신을 스스로 너무나도 한심하게 바라보았다. 아파서 요양만 하고 있는 내 모습을 더 이상 받아들일 수 없었다. 병원비가 계속 필요했기에 하루빨리 일어나 돈을 벌어야겠다고 생각했다. '이 창창한 나이에 더 열심히 벌어놓아도 시원찮을 판에 이게 뭔가.' 스스로 건강하지 않다고 생각했기에 계속해서 건강하지 못한 삶을 끌어당기고 있었다. 나의 모든 생각이 현실로 창조되고 있었다는 것을 깨달았다. 내 앞에 일어나는 모든 현실은 나 스스로가 만들어낸 결과였다. 나 스스로가 이 모든 불행을 자초했던 것이다.

그때쯤, 나는 명상을 통해 지난 나의 35년간의 삶을 모두 돌아보았다. 그 지난 과거를 돌이켜보며 내가 아플 수밖에 없었던 이유를 알게 되자 모든 문제를 해결하는 것은 식은 죽 먹기였다. 그 안에 모든 해답이 들어 있었다. 어디서부터 어떻게 문제가 시작되었는지를 알아나갔다. 하루하루 의식을 키워나가기 시작했다. 매일 새로 태어남을 느끼며 하루하루가 행복 그 자체였다. 어제의 의식과 또 달라져 있는 오늘의 나는 어제와 전혀 다른 사람이 되어 있었다.

내가 지금까지 쌓아놓은 모든 지식과 나의 생각을 내려놓는 순간 지혜가 떠오르기 시작했다. 삶에 대한 진정한 의미를 깨닫게 되었다. 그동안 괴로웠던 모든 순간들이 행복으로 바뀌는 기적 같은 날을 맞이했다. 내가 아프기 전부터 해결하고 싶었던 모든 삶의 의문들이 한꺼번에 전부 해결되는 순간이었다. 7년의 시간이 전혀 아깝지가 않았다.

과거에 나는 이 세상에서 가장 중요한 것을 놓치고 살고 있었다. 눈에 보이는 것보다 눈에 보이지 않는 것에 엄청난 가치가 있다는 것을 알게 된 이후로 나의 삶은 180도 달라지기 시작했다. 그동안 현실세계만이 진짜라고 생각했기 때문에 모든 일이 풀리지 않았던 것은 당연한 결과였던 것이다.

누구나 어떤 일을 하는 이유는 행복하기 위함이다. 그렇다면 내가 지금 하고 있는 일이 나에게 행복을 가져다주는지를 항상 생각해보아야 한다. 살면서 의식보다 더 중요한 것은 이 세상에 존재하지 않는다. 그동안 현실에서 고군분투하며 살았던 내 자신이 너무나도 후회스러웠다.

과거에는 건강 관련 정보만을 쌓아갔다면 이제 진짜 세상을 알아가기 위한 의식성장을 시켜나갔다. 명상을 기본으로 하며 수많은 의식 관련 책들을 보기 시작했다. 한 달에 50권이 넘는 책을 보면서 인상 깊었던 책들을 나중에 다시 읽어보려고 한쪽으로 모아두었다. 놀랍게도 모아둔 책의 저자는 모두 같은 인물이었다. 그분이 바로 내가 책을 쓸 수 있도록 도와주신 〈한국책쓰기강사양성협회(이하 한책협)〉의 김태광 대표였다. 그에 대해서 더 알아가기 시작했다. 유튜브를 통해 듣게 된 "성공해서 책을 쓰는 것이 아니라 책을 써야 성공한다."라는 그의 말이 나를 자극시켰다. 이 세상에는 나와 같은 고통을 겪고 있는 사람들이 주변에 너무나도 많이 있다는 것을 알게 되었다. 나의 경험들이 세상 사람들에게 희망과 위로가 될 수 있겠다는 생각에 너무나도 기뻤다. 나는 수많은 아픔을 견뎌보았기 때문에 그 고통이 얼마나 힘든지 누구보다 잘 알고 있었다. 사람들을 그 고통 속에서 벗어나게 해주고 싶었다. 그들의 마음을 꺼안아주고 싶었다. 내가 극복한 경험이 지금 고통스럽게 죽어가는 어떤 사람의 생명도 살릴 수 있을 것이라 확신했다. 나는 반드시 그 일을 해야만 했다. 나는 이것만큼 이 세상에 가치 있는 일은 없다고 생각했다. 그러기 위해서는 지금 현재 나의 상황을 드러내는 일이 필요했다. 그 방법이 바로 책 쓰기였다. 나는 그렇게 해서 한책협 식구들과의 인연이 시작되었다. 한책협에서 했던 모든 순간들은 꿈만 같았다. 훌륭하신 수많은 작가 분들과 김태광 대표님의 아내이자 위닝북스 출판사 대표이신 권동희 대표님과 함께하며 많은 성장을 할 수 있었다. 혼자서는 할 수 없는 모든 일들을 함께하니 훨씬 속도가 빨랐다. 내 안의 보석을 발견할 수 있도록 도와주신 김태광 대표님과 권동희 대표님 그리고 함께해주신 모든 작가님들께 진심으로 감사드린다. 나의 존재 가치를 알게 해주신 분들이다.

'보석같이 아름다운!' 앞 글자를 따서 만들어진 내 이름 '보아!' 그랬다. 나는 원래부터 그런 존재였다. 이 존귀한 존재가 드디어 이 세상에 빛이 날 수 있도록 이끌어주신 분들이다. 이 세상에서 나 혼자 이룬 것은 그 어떠한 것도 없다. 함께한 세상이 있었기에 모든 것이 가능했던 것이다. 그분들께 진심으로 감사한 마음을 갖고 나의 존재를 세상에 널리 알릴 것이다. 그리고 많은 사람들이 나에게 도움을 받아 그들 또한 나처럼 자신의 존재를 깨닫고 살아갈 수 있도록 만들 것이다.

저를 끝까지 응원해주신 부모님, 세상에 나아갈 수 있도록 큰 원동력이 되어주신 김태광 대표님, 권동희 대표님, 한책협 식구들 그리고 지난 세월 동안 아픈 저를 살리기 위해 애써주신 홍영선 원장님, 전홍준 원장님, 조병식 원장님, 김성훈 원장님, 김건우 원장님, 허남일 원장님, 배은희 교수님, 그 외에도 이 세상을 살리기 위해 애써주시는 모든 분들께 진심으로 감사드린다.

3장 먹고 기도하고 사랑하라

4장 당신은 더 행복해져야 할 사람입니다

1장

내가 지구별에 존재하는 이유

01

당신은 최고의 인생을
살고 있습니까?

    나는 며칠 전 제주도로 부모님을 모시고 2박 3일 여행을 다녀왔다. 7년 동안 질병을 앓게 되면서 여행이라고는 상상도 못했던 나는 이번 기회에 새로운 경험을 하고 싶었다. 엄마는 항상 우스갯소리로 자신의 소원을 귀가 따갑도록 반복해서 말씀하셨다. 나와 함께 자유롭게 여행을 다니고 싶다고 노래를 부르시며 말이다. 그러실 만도 하다. 항상 내가 건강하지 못한 탓에 치유하느라 7년째 집에서 요양만 하고 있으니 오죽 답답하셨을까.

어느 날, 나는 우연히 인스타그램에서 2박 3일 제주도 여행을 보내준다는 광고를 클릭하게 되었다. 물론 세상에 공짜는 없다는 걸 알고 있었기에 100% 믿지는 않았다. 그래도 재미 삼아 보험 상담을 받으면 제주항공권을 준다는 말에 나도 모르게 이끌려 신청을 하게 되었다. 물론 여행사를 통해 가야만 하는 조건이었기에 여러 가지 제한이 많았다. 내가 직접 따로 알아보고 가는 것이 아무래도 더 자유롭고 선택의 폭을 넓힐 수 있다는 걸 알았다. 하지만 나는 일단 이 광고를 통해서 가족과의 여행을 결심하게 되었다. 항상 가고자 하는 마음은 있었지만 마음먹고 시작하기가 어려웠던 나로서는 어쨌든 좋은 선택이었다. 덕분에 엄마의 보험도 설계사를 통해 정리도 하게 되었고, 이래저래 많은 경험을 하면서 무언가를 배울 수 있다는 것만으로 만족하고 감사할 따름이었다.

여행 당일, 나는 당시 책을 쓰는 과정에 있었기에 비행기 안에서도 책을 쓰느라 정신이 없었다. 엄마는 비행기 안에서 순간 너무나도 행복하다는 생각이 들어 아무도 모르게 혼자 눈물을 흘리셨다고 한다. 나는 그 사실을 제주도에 도착해서야 알게 되었다. '그동안 나를 간호하시면서 얼마나 가고 싶었던 여행이었을까.' 생각하면 너무나도 죄송스러웠다. 나의 질병은 나뿐만이 아닌 주변 사람들도 힘들게 하고 있었다는 것을 다시금 깨닫게 되었다. 항상 엄마는 무엇이든지 나와 함께 하길 바라셨다. 하지만 나는 그동안 약을 끊고 혼자서 치유하는 과정에서 생채식과 커피 관장, 요로법, 현미채식, 단식 등을 하게 되었다. 가족들과 식사 한번을 맛있게 한자리에서 먹을 수가 없었다. 그렇게 노력을 하면서 시도를 해보았지만 다시 원점으로 돌아와 결국 약으로 응급처치를 하게 되었다. 응급실도 수도 없이 내 집처럼 왔다갔다 반복했다. 다시 약을 먹고 부작용으로 힘들어하다가 또 다시 약을 끊고 자연치유를 하는 세월을 7년 동안 보내온 것이다.

이렇게 수많은 실패를 반복해오면서 더 이상은 사랑하는 가족들을 힘들게 하고 싶지 않았다. 나로 인해 가족의 행복까지도 내가 빼앗은 기분이 들었다. 이번만큼은 나의 증상들을 있는 그대로 받아들이고 오로지 행복과 사랑이 가득한 우주의 믿음으로 내가 원하는 것들을 실천하면서 살아보기로 결심했다. 그래서 나는 온몸이 부어올라 발과 허벅지는 코끼리 다리처럼 되었고, 배는 거의 만삭에 가까울 정도로 불러왔지만 더 이상 두려워하지 않았다. 임산부가 되었다고 생각하고 내가 하고 싶은 일을 할 수만 있다면 내일 죽어도 여한이 없었다. 나는 지금 내가 사랑으로 충만하고 행복하다면 나의 몸은 이미 치유되고 있고 모두 완치되었음을 상상하며 일상생활을 시작해보기로 결심했던 것이다.

지금 보이는 모든 현상들은 단순히 육안으로 보는 것뿐이지 우주에는 병도, 건강도 없다. 이 세상에는 보이는 것보다, 눈에는 보이지 않지만 훨씬 더 가치 있는 것들이 많이 존재하고 있다. 지금 현실에서 일어나고 있는 모든 현상에서 영원한 것은 아무 것도 없다. 잠시 지나가는 현상일 뿐이다. 이를 깨닫고 나서부터는 내 몸에 일어나는 반응들이 더 이상 큰 문제가 되지 않았다. 이것 또한 그냥 잠시 왔다가 가는 일시적인 현상일 뿐이니까. 모두 다 사라질 것이라는 확신이 있기 때문이다.

우리가 인생을 살아가면서 누구나 최고의 인생을 한 번쯤은 살아가고 싶은 욕망을 갖고 있다. 그 최고의 인생이란 무엇을 말하는 것일까. 좋은 회사를 다니는 것, 좋은 대학에 입학하는 것, 수백억을 버는 것, 아니면 좋은 남편을 만나 아이를 낳고 현재에 만족하고 사는 것. 사람마다 각자 생각하는 기준은 다르겠지만 각자 자신의 내면에 있는 영혼이 행복을 온전히 느낄 수 있을 때 최고의 인생이 만들어질 수가 있는 것이라고 나는 생각한다.

그렇다면 우리는 언제 행복을 느낄 수 있게 되는 것일까. 돈, 사랑, 가족, 명예 이 모든 것들 중에 살아가면서 어느 하나 중요하지 않은 요소는 없다. 하지만 인간이 가장 필요로 하는 것은 바로 '사랑'이다. 사랑은 눈에 보이지는 않지만 아주 강력한 힘을 가지고 있다.

사랑이란 아무것도 바라지 않고 그냥 세상에 내어줄 수 있는 마음이다. 자신의 만족을 위해서 무언가를 바라고 상대에게 해준다는 것은 사랑이 아닌 거래가 시작되는 것이다.

우리 인간은 모두를 사랑할 수 있는 자격이 주어졌고, 누구나 할 수 있는 우주의 참 마음을 가지고 있다. 하지만 우리는 살아온 각자의 삶이라는 틀 속에 갇혀서 바쁘다고 하며 상대를 위하는 마음은 온데간데없고 자신의 것만 채우느라 정신없이 하루를 살아가고 있다. 세상과 함께 소통하고 시간을 보내며 사랑하는 것만큼 더 중요하고 바쁜 일이 도대체 무엇이 있을까. 우리는 항상 바쁘다고는 하지만 결국 그 바쁘게 하고 있는 일이 이보다 더 가치 있는 일인지를 각자 스스로에게 물어보자. 그 일을 했을 때 얻을 수 있는 것이 무엇이고, 결국 그것을 누구를 위해 하는 일인지 질문해본다면 결국 나만을 위한 일인 경우가 대부분이다. 물론 누구나 상대를 위해서 자신이 무언가를 한다고 말한다. 봉사활동을 하거나 누군가를 위해 선심을 쓴다고 가정해보자. 그러한 행동들을 한다고 했을 때 진심으로 상대를 위해 했다면 스스로는 그 행동을 '했다'는 마음조차도 없어야 하는 것이다. '내가 희생했다.', '내가 선심 썼다.', '내가 누군가를 도왔다.'라고 스스로 느낀다는 것은 각자의 기준에서 이야기하고 있는 것이고 그것을 바로 '사랑'이라고 합리화를 시키기도 한다.

하지만 잘 돌이켜보면 결국 그러한 행동들도 나의 만족, 내가 누군가를 위해 해냈다고 인정받고 싶은 나의 욕심을 채우고자 하는 것이 아닐까. 진정으로 내가 어떤 행동을 온전히 사랑으로 했다면 그 행동을 하고도 '내가 했다.'라는 마음이 없어야 한다. 그렇다면 내가 한 결과에 대해 상대가 나에게 아무런 대가를 주지 않아도 나는 그저 신이 나고 기뻐야 한다. 왜냐하면 나는 온전히 나의 사랑으로, 나의 행복이 아닌 오로지 그 사람만을 위해서 했기 때문이다. 나는 그냥 나의 영혼이 원해서 그 행동을 한 것이지 그 사람에게 무언가를 바라고 한 것이 아니기 때문이다. 만약 상대가 행복해한다면 상대방을 내가 행복하게 해주었다는데 만족이 있는 것이 아니라, 상대가 행복해하는 그 자체가 나에게 또 다른 행복을 가져다주었기에 오히려 상대방에게 감사해야 하는 것이다.

예를 들어, 이번에 내가 부모님을 모시고 제주도 여행을 가게 되지 않았는가. 부모님은 항상 버스투어로만 다니셨던 분들이다. 하지만 이번에는 내가 직접 차를 렌트해서 모든 일정을 내가 계획한 대로 움직였다. 사실 나도 부모님을 모시고 가는 것이 처음이었고 익숙지 않은 초행길에 몸까지 불편한 상태였다. 당연히 모든 일은 순조롭게 진행되지 못했다. 마음에 들지 않아 불편해하시는 눈치였다.

나는 나름대로 아픈 몸을 이끌고 열심히 부모님을 위해 밤새 일정을 만들고 행복하게 해드리기 위해 갔던 것이다. 나의 계획은 단지 부모님께 즐거운 추억 하나를 선물해드리고 싶었다. 하지만 상대가 느끼기에는 힘들기만 하고 시간 낭비만 했다고 생각할 수도 있다. 똑같은 상황도 사람마다 받아들이는 생각과 감정이 모두 다를 수 있기 때문이다.

하지만 내가 기대했던 반응이 나오지 않았다고 해서 나는 부모님께 섭섭하거나 억울한 마음이 들지 않았다. 물론 나는 부모님께서 나에게 고마워하시고 행복해하시는 모습을 보았더라면 더 좋았을 것이다. 하지만 결과를 떠나서 내가 정성을 다해 모시고자 했던 진심을 전달하는 데 주력한다면 상대의 반응에 영향을 받지 않는다. 물론 상대의 행복이 곧 나의 행복이다. 그렇다고 나의 행복을 채우기 위해 상대의 행복을 강요해서는 안 된다는 것이다. 만약 상대에게 나의 기대를 강요한다면 결국 진정한 사랑이 아닌 나의 행복을 채우고자 하는 집착과 욕심으로 바뀌게 되는 것이다.

결과가 나의 의도와는 다르게 흘러갔다고 하면 내가 상대를 만족시키지 못한 것이다. 만족시키지 못한 나의 부족함을 반성하고 앞으로 더 발전해나가면 되는 것이다. 나는 그저 그분들을 사랑으로 대했다면 그 자체를 있는 그대로 수용할 수 있게 된다.

인간은 아무리 상대를 위한다고 말은 하지만 결국 자신이 힘들고 악한 상황에 빠지게 되면 자신의 이익을 챙길 수밖에 없는 존재이다. 이를 인정하고 그 어떠한 조건을 걸지 않고 기대하지 않는 것이 진정한 사랑이다. 무조건적인 사랑을 가지고 사는 것만큼 이 세상에 더 중요하고 가치 있는 것은 없다. 모든 상황이 일어나는 것은 이유가 다 있다. 이를 깨달았으면 모든 것을 수용할 줄 알고 겸허히 받아들여야 한다. 그저 사랑으로 세상에 내어놓을 수 있다면 이 세상은 더욱 빛이 날 수 있을 것이다. 이것이 바로 아름다운 사랑의 힘이다.

02

내가 지구별에
존재하는 이유

　나는 어렸을 때부터 눈만 뜨면 싸우는 가족들 속에서 살아왔다. 그래서인지 늘 행복을 갈망했다. 그리고 궁금해졌다. 나는 왜 이 세상에 태어났을까, 왜 사람들은 이 지구상에 태어나서 서로 싸우기만 하고 자신의 이익만을 추구할까. 결코, 우리는 서로를 사랑하고 행복을 느끼며 살 수 없는 걸까. 우리 인간들은 과연 태어나서 죽을 때까지 그저 상대를 헐뜯기만 하다가, 자기 욕심만 챙기며 살다가 나이 들고 병들어 이 세상을 떠나는 것이 다일까.

나는 각박한 이 세상이 너무나도 싫었고 벗어나고 싶었다. 숨이 턱턱 막히는 이 세상이 지옥만 같았다. 사람들을 만나 사랑을 나누고도 싶었다. 하지만 나조차도 어느 순간 경쟁 사회에서 살아남으려고 발버둥을 치기 시작했다. '아! 상대를 죽여야만 내가 살아남겠구나.'라는 생각을 하게 된 것이다.

대학 시절 장학금 하나를 타려고 해도 상대평가를 거쳐야 했다. 상대가 나보다 점수가 낮아야 내가 장학금을 탈 수 있는 그런 구조였다. 타인과 내가 함께 살 수 있는 구조가 아니었다. 나는 언제나 상대를 누르고 그 위로 올라가야만 했다.

하지만 그렇게 사람들과의 소통과 사랑을 갈구하면서도 나의 행동은 점점 추악해져갔다. 나는 그런 내가 너무나도 싫었다. '결국, 상대를 짓누르고 장학금을 받았다고 치자. 그런들 무슨 의미가 있는가. 그렇게 내가 살아가야 하는 이유가 무엇일까?'라는 의문이 들기 시작했다. 마음 한구석에는 늘 공허함이 가득했다.

그렇게 세상에 대한 의문과 의심을 가득 안은 채 삶을 살아갔다. 그리고 틈만 나면 서점과 도서관에 달려가 행복에 관한 책들과 철학에 관한 이야기들을 읽기 시작했다. 책을 읽으면 그 순간 마음이 편안할뿐더러 책 내용에 공감하게 되었다. 그 시간만큼은 마냥 행복했다. 너무나도 좋았다.

하지만 책을 덮는 순간 현실로 돌아와야 했고 현실은 또다시 전쟁이었다. 이런 생활을 반복하며 나는 그나마 책 읽기를 매일의 위안으로 삼게 되었다. 살기 위해 돈을 벌었으며 내가 무엇을 위해 사는지조차도 모른 채 하루하루를 버티며 살아왔다.

그러던 중 부모님은 귀농하시겠다며 고향으로 내려가셨다. 나는 이제 혼자 서울에 남게 되었다. 자유를 얻게 되었지만 나는 사람들과의 관계가 너무나도 어려웠다. 사람들을 만나고는 싶었지만 만나고 나면 마음이 공허했다. 행복하지가 않았다. 사람들은 늘 자신은 돈이 많다고 자랑하기 바빴다. 또는 힘든 회사생활, 남자친구와 싸운 이야기 등을 끝도 없이 해댔다.

나는 내 생각이나 가치관을 성장시킬 수 있는 이야기를 하고 싶었다. 하지만 그런 이야기를 나눌 수 있는 사람들을 주변에서 찾기가 너무 어려웠다. 그래서 늘 사람만 만나면 몸이 더 지치고, 힘들었다.

나는 사람이 좋았지만 늘 혼자였다. 혼자 어두컴컴한 방 안에서 폭식으로 마음을 달랬다. 매일 다람쥐 쳇바퀴 돌듯 허송세월했다. 그 대가로 건강이 악화되기 시작했다. 결국, 병이 7년 동안 반복적으로 재발되면서 독한 약을 먹어야 했다. 결국, 온갖 부작용을 겪어야 했다. 너무 힘들어 약을 끊으면 약에 의존하고 있던 몸이 또다시 아프기 시작했다. 이러지도 저러지도 못하는 환자 생활만 7년째다.

그동안 병원의 힘을 빌리지 않고 혼자 치유하리라 생각하면서 명상을 시작했다. 그 이후 나는 세상에 눈을 뜨고 차츰 좋아지기 시작했다. 명상을 만나면서 나는 내가 세상에 태어난 이유를 드디어 알게 되었다. 그 순간 내가 지금까지 세상에 대해 가져왔던 궁금증을 풀기 위해 지금 이 자리에까지 온 것이라고 확신했다. 나의 병이 모든 것을 해결해주었던 것이다.

삶의 의미와 내가 이 지구별에 태어난 이유, 모든 것이 완벽하게 풀려 나가기 시작했다. 명상을 시작한 이후, 주변 사람들은 내가 몸이 아픈데도 항상 행복해 보인다며 비결이 무엇이냐고 물어보곤 했다. 나는 내 문제를 해결하고 나서 주변을 돌아보았다. 온통 몸과 마음이 아픈 사람들뿐임을 알게 되었다.

그들은 나에게 힘들 때마다 전화를 걸어왔다. 나와 통화하고 나면 많은 에너지를 얻는다면서. 그들은 하나같이 내가 아프고 나더니 성격도 외모도 모두 달라졌다고 한다. 나는 단지 삶에 대한 의문 하나를 나의 아픔을 통해 푼 것밖에 없는데도 말이다.

그들은 하나같이 왜 돈을 벌어야 하는지, 왜 이 세상에 태어나서 살고 있는지 몰랐다. 그런 채 그냥 의무적으로 책임감을 느끼며 의지만으로 살고 있었다. 나는 그것이 너무나도 안타까웠다. 나도 그렇게 살아봐서 그들의 마음을 너무나도 잘 알기 때문이다. 하지만 눈에 보이지 않는 것들을 깨닫는 데는 정말 많은 시간이 필요했다. 의식을 변화시키는 것이 그렇게 쉽지만은 않았다.

　나는 그들을 살리고 싶었다. 누구보다도 그들이 얼마나 힘들게 살고 있는지 잘 알기 때문이다. 우리는 이 세상에 돈을 벌기 위해서, 결혼하기 위해서, 아이를 낳기 위해서, 좋은 회사에 들어가기 위해서, 남에게 인정받기 위해서 태어난 것이 아니다. 그럼에도 불구하고 그들은 그렇게 해야만 살아남는다고 생각한다. 그렇게 의무적으로 인생을 살아가며 고통스러워하고 있다.

　나는 이 세상이 얼마나 행복한 곳인지, 죽어서 천국에 가는 것이 아니라, 지금 내가 숨 쉬며 살고 있는 이 땅 이곳이 천국임을 알리고 싶었다. 지구상에 존재하는 우리는 모두 하나다. 서로를 죽여야만 내가 사는 것이 아니다. 상대를 살려야 나 또한 살 수 있다. 그것을 깨닫고 서로 사랑 안에서 축복하며 행복하게 살다가 이 세상을 떠나야 하지 않을까. 내가 태어나기 이전보다 훨씬 더 좋은 세상을 만들어놓고 떠나야 하지 않을까. 나의 후손들까지도 많은 혜택을 누릴 수 있도록 이 지구가 더욱더 빛나도록 만들어주어야 하지 않을까, 싶다.

　이 세상에 존재하는 모든 생명체는 각각 장단점을 가지고 있다. 심지어 바퀴벌레도 장점이 있고, 큰 죄를 짓고 교도소에 갇혀 있는 죄수들도 장점이 있다. 우리는 그것을 아직 찾지 못했을 뿐이다.

　삶을 즐겨라, 그대 자신이 되라

나는 그들 내면에 있는 보석을 찾아주고 싶다. 나도 장점 하나 없고 잘하는 것 하나 없다고 생각해왔다. 그러면서 나는 '이런 사람이다.'라고 스스로를 정의하며 살아왔다. 나는 이를 깨닫자마자 매일 확언을 듣고 상상을 하며 나의 수많은 장점을 발견하게 되었다.

나는 세상 사람들 모두가 나처럼 스스로 자신의 고귀한 장점들을 찾아서 꿈을 펼칠 수 있도록 도와주고 싶었다. 그리고 나도 그들과 함께 나의 꿈을 펼치고 싶다. 우리는 혼자 살 수 없는 존재다. 서로 돕고 돕는 것이지 '누가 잘났다', '못났다' 평가할 수 있는 자격이 있는 사람은 이 세상에 없다. 함께 천국에서 어우러져 살아야 더 신명이 나고 재미있는 인생이 만들어지는 것이다. 아무리 좋은 세상도 혼자라면 아무 뜻과 의미도 없다. 재미도 없고 심심하다.

그래서 나는 세상 사람들과 함께 의식을 발전시키고 서로 동기를 부여하며 아름다운 세상을 만들어나가고 싶다. 나도 처음에는 이 모든 꿈을 혼자서 이뤄내려고 고군분투했다. 하지만 인간은 나약한 존재이고 항상 누군가의 도움을 받으며 살아갈 수밖에 없는 동물이다. 나는 할 수 없는 일을 상대방은 잘해내는 장점이 있을 수도 있다.

나는 이 세상에 나의 뜻을 알릴 수 있는 가장 가치 있는 일이 책을 쓰는 것임을 알게 되었다. 우연히 〈한책협〉이라는 회사와 김태광 대표님과 권동희 대표님을 알게 되면서였다. 내가 힘들 때 김도사 님, 권마담 님의 유튜브와 책들이 정말 많은 도움이 되었다. 그렇듯이 나도 그분들을 따라 함께 앞으로 나아가고 싶을 뿐이다.

내가 원하면 원하는 모든 것을 끌어당긴다더니 사람도 끌어당기게 된 것이다. 정말 내 인생에서 꼭 만나야 할 두 분을 이제야 만나게 되었다. 그 두 분을 보며 나는 또 한 번 동기를 부여받을 수 있었다.

예전에 나는 사생활을 무조건 드러내면 자랑하는 것으로 치부했다. 그래서 항상 나 자신을 숨기며 혼자만의 생활을 선택했다. 그런데 내가 세상을 살리기 위해서는 나를 드러내고 알리는 작업이 내가 해야 할 가장 큰 역할이라는 것을 두 분을 통해 배울 수 있었다. 게다가 부부가 서로 함께하면 세상을 위해 일하는 힘이 두 배가 되고 시너지 효과를 낼 수 있다는 것도 알게 되었다.

나도 이 두 분처럼 정말 나와 이 세상을 위해서만 살아갈 수 있는 동반자가 있으면 더더욱 행복하겠다고 생각했다. 그때부터 매일 상상하기 시작했다. 나는 상상력의 힘이 위대하다는 것을 이미 알고 있다. 그 때문에 언젠가 나의 부족한 부분을 채워줄 수 있는, 그 남은 한 조각의 퍼즐의 주인공이 곧 올 것이라고 믿는다.

몸과 마음을 일치시키고 이 둘이 하나가 되어야만 모든 것이 조화롭고 아름다운 것이다. 음과 양의 조화, 에너지의 조화가 중요하다. 나는 하고 싶은 것이 많아서 몸을 생각하지도 않고 무조건 해버리는 경우가 많다. 그러다 아프고 나서 나는 나의 몸의 한계를 인정했다. 이런 나를 잘 서포트할 수 있는 동반자와 함께라면 나의 장점과 그분의 장점이 서로 만나 더 밝은 빛의 에너지를 발산할 수 있으리라 확신한다.

　오로지 나와 이 우주의 행복만을 위해 살아가고 싶다. 그렇게 살아야 이 세상 순리와 이치에 맞는 것이고 나의 뜻이 곧 하나님의 명령임을 잘 알고 있다. 나는 하나님의 명에 복종할 것이고 나와 같은 뜻을 가진 배우자와 함께라면 더욱더 힘이 날 것이다.

　글을 쓰다 보니, 남편을 구하는 한 여자의 구혼공고가 되어버린 것 같기도 하다. 하지만 어찌 되었든 간에 이것이 내가 원하는 바다. 행복을 추구하고자 하는 하나의 버킷리스트다.

　일단 나의 가치관과 맞는 배우자를 만나려면 내가 준비되어 있어야 한다. 나는 꾸준히 나의 의식을 성장시키기 위해 노력할 것이다. 나의 잠재된 능력을 계속해서 드러낼 것이다. 그러기 위해서 지속으로 책을 통해 나를 드러낼 것이다. 나를 돌아보고 몸과 마음을 일치시키기 위해 건강관리 또한 신경 쓰며 몸의 밸런스를 맞춰갈 것이다.

　어떠한 일이든 행복하고 즐겁게 하고 싶다. 가치관이 맞고 함께 성장할 수 있는 사람들과 자주 만나고 소통하며 매일 배우고 발전할 것이다. 그리고 나의 삶의 스토리를 책, 유튜브, 강연 등을 통해 알리고 싶다. 전 세계 사람들 모두가 나의 이야기를 듣고 힘을 얻을 수만 있다면 그 어떠한 일이든 상관없이 도전하고 싶다. 나는 지금 책을 쓰려고 준비하고 있지만 앞으로 쓰고 싶은 내용이 너무나도 많을 것 같다. 지금 당장은 내가 나를 치유하면서 겪어 온 삶의 이야기를 풀어서 쓰고 싶다. 하지만 앞으로 결혼하게 되면 사랑에 관한 이야기, 여행하면서 깨달은 경험담, 결혼 자체의 이야기도 글 소재가 될 것이다.

또한, 나는 아이들을 너무나도 사랑하고 교육에도 관심이 많다. 아이를 적어도 4명은 낳고 싶고, 입양도 생각하고 있다. 유치원 때부터 아이를 너무나도 사랑해서 항상 아기인형을 포대기나 유모차에 태우고 다닐 정도였다. 좀 더 성장해서는 동네 꼬마들을 다 불러 모아 놀아주기도 했다. 성인이 되어서는 영어유치원에서도 근무했었다.

내가 지금까지 경험한 모든 것들을 동원해 글 소재로 삼을 것이다. 앞으로 아이 교육에 관한 공부를 더 해서 아이들을 위한 그림책도 만들고 싶다. 그리고 아주 먼 미래의 이야기지만 아이를 키우며 배운 나의 아이 교육 성공담도 들려주고 싶다.

세상을 위해서 할 수 있는 일은 내가 마음만 먹으면 그때그때 시기적절하게 나에게 맞는 일들을 우주에서 하나씩 보내줄 것이다. 그것을 나는 이제야 깨달았다. 몸이 하나인 것이 안타까울 따름이다. 그래서 더더욱 동반자가 필요함을 느낀다. 함께 꿈을 성취하며, 작은 울타리 안에서 나의 가정을 꾸리며 그 속에서 소소한 행복도 알아가고 싶다. 그러기 위해 나는 오늘도 책을 읽고, 명상하고, 나를 위한 삶을 살아갈 것이다.

03

지금 여기가
천국이다

사람들은 자기 자신을 가장 잘 알지 못하고 살고 있다. 매 순간 나를 우주 전체에서 바라보아야 한다. 그래야 제3자 입장에서 나를 객관적으로 볼 수 있다. 내 속 안에 갇혀 있으면 아무것도 보이지 않는다. 술에 취한 사람은 늘 자기는 취하지 않았다고 말하는 것과 같은 현상이다. 자신이 지금 현재 천국에 있는지 지옥에 있는지도 알아차리지 못한다. 아무리 천국에 있다고 해도 스스로가 알아차리지 못한다면 그곳은 지옥이 될 수 있는 것이다. 아무런 발전 없이 살아가게 된다. 나의 결점을 보기 위해서는 나로부터 벗어나서 바라보아야 한다. 나와의 간격을 두고 끊임없이 나와 에너지를 연결하고 소통해야 한다. '지금 잘하고 있는 건지?', '내가 왜 이런 행동을 하고 있는 건지?', '무엇을 위해서 하고 있는 건지?'를 정확하게 알아보기 위해서는 나에게 자문해보아야 한다. 혼자 있을 때보다 세상과 함께 있을 때 상대로부터 내 자신이 투영되어 보이기 때문에 나를 잘 돌아볼 수 있다. 내가 더 많은 상황들에 노출이 되어야만 내가 잘 보이게 되는 것이다. 그래서 더욱더 세상과 함께해야 하는 것이다.

7년 전, 나는 자연치유를 위해 부모님이 계신 시골로 내려왔다. 자연과 함께 하는 것이 너무나도 좋았다. 신나게 새벽바람을 쐬며 자전거를 타고 도로를 달렸다. 결국, 속도를 낮추지 못하고 돌멩이에 걸렸다. 자전거가 거꾸로 뒤집혀서 큰 사고를 당했다. 아찔했다. 다리 수술을 하게 되면서 나의 질병은 더욱 악화되었다. 몇 달간 깁스를 하고 목발을 짚고 다니게 되었다. 평소에는 거의 보기 어려웠던 깁스한 사람들이 눈에 띄기 시작했다. 신기했다. 내가 사고를 당하고 나니 사고 당한 사람들만 눈에 띄는 것이었다.

사람들은 자신이 가지고 있는 만큼 세상을 보는 능력이 있다. 그만큼 지금 현재 내가 보는 세상은 진짜 있는 그대로의 객관적인 세상이 아닌 것이다. 나만의 세상인 것이다. 내가 보고 싶은 대로 본다. 나만의 색깔의 안경으로 모든 것을 보고 모든 것을 판단하고 있다. 그것이 바로 가짜 세상인 것이다.

각자 '자전거'라는 단어를 머릿속으로 떠올려보자. 떠오르는 이미지가 모두 다 다를 것이다. 색깔, 형태, 크기 모두 각자의 삶 속에서 떠올리게 되는 것이다.

나로부터 벗어나야 진짜 있는 그대로의 객관적인 세상을 볼 수 있다. 내가 경험한 만큼 세상이 보이고 경험하지 못한 것은 그냥 지나치기 일 쑤이다. 세상은 항상 그대로 가만히 있는데 내가 얼마나 경험하고, 얼마나 알고, 내가 어떤 마음을 가지고 있는지에 따라 세상은 있는 그대로가 아닌 나의 마음이 투영되어 보이는 것이다. 그래서 어떤 상황에서 내 마음이 불편하다면 그 상황이나 상대편이 내 마음을 불편하게 한 것이 아니다. 그 상황과 상대방을 통해서 내가 투영되어 보이는 것이다. 내 안에 예민한 무언가가 상대를 통해 자극을 받은 것이다. 이를 빨리 알아차리고 '너 때문이야.', '네가 나를 이렇게 불편하게 했어.'가 아닌 '내가 왜 이런 상황에서 마음이 불편할까?', '나는 왜 이런 상황에 예민할까?'와 같이 '상대'가 아닌 '나'에게 물어보아야 한다. 나와의 에너지를 연결시켜야 한다. 끊임없는 내 영혼과의 대화를 통해 풀어나가야 한다.

모든 것은 내가 살아온 삶 속에서 만들어진 결과일 뿐이다. 내가 살면서 만들어놓은 결과물이니 나만이 없앨 수 있다. 아무도 나와 똑같은 삶을 가지고 있는 사람은 없다. 나만의 세상인 가짜인 나의 모습들을 내가 스스로 버려야 한다. 그러면 영원불변하고 사라지지 않는 진짜 있는 그대로의 세상만 남게 될 것이다. 세상을 있는 그대로 볼 수 있게 되는 것이다.

지금 우리가 살고 있고, 벌어지는 모든 상황들이 '제 눈의 안경'이라는 것을 알아차렸다면 우리 모두 이 거짓된 세상 속에 현혹되지 않고 빨리 벗어나기 위해 노력해야 한다. 그러면 우리의 삶의 질은 점점 높아진다. 훨씬 가치 있고 즐겁게 인생을 살아갈 수 있다. 그곳이 바로 천국인 것이다.

2022년 4월 1일 결국 나도 코로나 확진자가 되었다. 일주일 동안 자가격리를 통해 평생 잊지 못할 추억을 만들 수 있었다. 인간은 적응의 동물이다. 처음에는 어색하고 힘들었지만 어느새 혼자 방안에서 밥 먹고 생활하는 게 또 익숙해져 있었다. 처음에는 하루하루 격리 해제되는 날만을 기다렸다. 나의 몸과 마음이 하나가 되지 못했다. 지금 현재 내 앞에 주어진 상황을 수용하지 못했다. 아무리 세상은 나에게 선물로 주었다고 해도 매 순간 스스로가 이를 알아차리지 못하고 있다. 너무나도 어리석었다. 이틀째 되는 날, 지금 현재를 살지 못하고 또 미래만을 위해 살고 있는 내 모습이 알아차려졌다. 그 순간 잠시 존재하고 있는 나의 생각과 감정은 이 세상에 존재하지 않는 허황된 가짜임에 분명했다. 현재 존재하지도 않는 다른 날만을 손꼽아 기다리며 온통 머릿속에 가득 채워 하루하루를 무의미하게 보냈더라면 내 자신이 너무나도 한심하고 후회스러울 뻔했다.

막상 그렇게 기다렸던 해제되는 날이 온다고 해도 사실상 허무함만 남게 된다. 오히려 지난날들을 온전히 즐기지 못해서 후회만 남았을 것이다. 모든 것이 지나간 뒤에는 그날이 그날이다. 7일과 똑같은 하루 중 한 날일 뿐이다. 나 혼자만 그날만을 특별하게 생각하고 있는 것이다. 오히려 벗어나고 싶었던 지난날들이 더 소중하게 느껴진다. 이렇게 현재를 즐기지 못하고 사는 것이 과연 지혜로운 일일까. 나에게는 지금 주어진 매 순간이 천국이다. 이를 즐기고 그날만을 위해 최선을 다해 살아야 한다. 그 순간 내가 느끼는 감정에 끌려가지 말아야 한다. 우주는 항상 나를 이로운 곳으로 이끈다. 나는 이를 깨달은 이후부터 지금 이 순간 내가 배울 수 있는 것이 무엇인지 내 안의 참 '나'에게 끊임없이 물어보는 습관을 갖게 되었다.

나는 격리되어 있으면서 덕분에 수많은 책들을 더 집중해서 읽을 수 있었다. 때가 되면 맛있게 준비된 식사를 더 감사한 마음으로 먹을 수 있었다. 코로나에 걸려 있는 자식을 위해 하나라도 더 챙겨주시는 어머니의 사랑을 느끼면서 말이다. 덕분에 더 건강을 챙길 수 있었다.

명상과 요가를 하며 오로지 나에게 집중할 수 있었다. 그동안 내가 너무 급하게 앞으로만 달려가진 않았는지 나를 돌아보게 되었다. 옆도 보고 뒤도 돌아볼 수 있는 여유를 충분히 즐길 수 있었다. 내가 살면서 모르고 놓친 것은 없는지 마음만 앞서지는 않았는지 잠시 더 나를 사유해볼 수 있는 소중한 시간이 되었다. 이번 기회를 통해 청결을 위해 더 부지런해지는 습관도 갖게 되었다.

현재 일어나고 있는 모든 나의 상황은 지금 이 순간만이 느낄 수 있는 값진 순간들이다. 오늘도 내가 그토록 원했던 소중하고 감사한 하루다. 항상 그 상황에서 내가 할 수 있는 최선을 다하면 세상이 나에게 주는 의미를 깨닫게 된다. 미래는 아무도 예측할 수 없다. 하지만 예측되지 않은 상황이 들이닥쳤을 때 그 자체를 받아들이고 지혜롭게 대처해나아가야 한다. 포기하지 않고 이 또한 즐길 줄 아는 사람만이 성공할 수 있다.

평상시에 나의 마음을 단단하게 다져놓고 현실에서 대응할 수 있는 힘을 길러놓는 것이 현명하다. 우리가 평상시에 운동으로 근육을 단련해놓으면 예상치도 못한 사고를 당했을 때도 약간의 상처로 가볍게 넘어갈 수 있다. 나의 근육들이 보조를 해주었기 때문이다.

이와 같이 이 세상에는 눈에 보이는 근육처럼, 눈에 보이지 않는 근육도 존재한다. 바로 '마음근육'이다. 평상시에 예측하지 못할 모든 상황들에 있어서 나의 마음을 단단하게 키워놓아야 한다. 내 안에 모든 허황된 마음들은 걷잡을 수 없이 계속 잡초처럼 자라난다. 이는 모두 가짜임을 알아차리고 없애는 연습을 해야 한다. 그 마음에 이끌려 가버리면 이 세상에 존재하지도 않는 가짜와 함께 생각의 노예로 살게 되는 것이다. 내가 꿈속에서 꿈을 꾸고 있는 것을 알아차리기만 한다면 나는 그 꿈을 얼마든지 멈출 수도 있다. 이를 내가 조절할 수 있는 능력이 생기는 것이다. 이 작업을 틈틈이 해놓으면 어떤 상황에서도 수용할 수 있다. 잠시 안 좋은 감정과 마주하더라도 금세 그 감정은 내 몸을 통해 지나가버린다. 마음은 이 세상에 원래 존재하지 않는 가짜이기 때문이다. 내가 버리기만 한다면 이 세상에 존재하지 않는 모든 것들은 사라지게 되어있다. 진짜 존재하는 참만 남게 되는 것이다. 참된 삶을 살아야 그곳이 바로 천국이다. 있지도 않는 가짜의 생각 속에서 갇혀서 이 소중한 시간을 낭비하며 평생을 살다가 육신이 사라져버리면 얼마나 억울한가. 오늘도 천국에서 세상과 함께 재밌게 살아가기 위해 버리고 또 버려보자.

04
———

아프기 전에
알았더라면

밤 10시, 지친 몸으로 퇴근한다. 몸이 지치니 무엇이든 보상해주고 싶다. 매일 밤 주전부리와 먹을 것을 사 들고 맛있게 먹는 모습을 상상하며 집으로 향한다. 자는 시간보다 먹는 시간이 더 행복했기 때문에 피곤한데도 자는 것을 포기한다. 주전부리를 먹으면 그 순간은 입이 즐겁다. 나의 피곤함을 다 녹일 수 있을 만큼.

하지만 그런 느낌도 순간일 뿐, 나는 소화도 되지 않아 더부룩한 상태에서 그렇게 매일 밤 잠들었다. 당시 필라테스, 요가 강사를 하고 있던 나는 회원님들께 몸 관리를 철저하게 하는 강사로 보여야만 했다. 누구보다 모범이 되어야 했다. 그 때문에 식단을 철저하게 지키며 운동도 게을리하지 않았다. 그렇게 폭식해도 한 끼 정도 절식하며 운동으로 해독하면 다시 몸이 회복될 거라고 생각했다. 하지만 몸은 하루하루 나의 잘못된 습관에 익숙해지고 있었다. 독소도 계속 쌓여 가고 있었다. 몸은 절대 거짓말을 하지 않는다.

밤에는 실컷 이것저것 독소를 몸에 넣고는 새벽이면 또다시 정화하겠다고 생각하면서 오늘도 여지없이 새벽 4시에 눈뜬다. 잠도 몇 시간 자지 못한 채 새벽 5시에 요가수련원에 도착한다. 그러곤 혹독한 수련을 시작한다. 이것은 건강을 위한 것이 아니라, 내 몸을 학대하는 것이었음을 이제야 깨닫는다.

당장 눈에 띄는 결과가 보이지 않더라도 오늘이 일주일이 되고, 일주일이 한 달, 1년, 수십 년 동안 반복되면 그것은 병으로 찾아오게 되어 있다.

결국, 매일 밤 폭식과 야식 그리고 단식을 반복한 지 얼마 되지 않아 내 몸에서 신호를 보내기 시작했다. 면역력이 떨어졌는지 지금까지 감기도 잘 걸리지 않던 내가 심한 독감에 걸려 새벽에 죽을 것같이 통증이 오기 시작했다.

방음도 잘되지 않는 원룸 방 안에서 나는 끙끙 신음소리를 내며 앓았다. 하지만 아무도 도와주는 사람이 없었다. 아무리 밤새 울부짖고 도움을 청해도 나는 혼자였다.

　귀농하신다며 갑작스럽게 고향으로 떠나신 부모님, 친언니는 결혼해서 예쁜 가정을 꾸리며 각자 행복한 삶의 여정을 떠났다. 나는 아무런 준비도 하지 못한 채 하루아침에 혼자가 되어 버렸다. 덩그러니 서울 한복판에 내팽개쳐진 느낌이었다. 당장에 살 집이 필요했고, 나만의 대책을 세워야 했다. 매달 나가지 않던 월세를 생각하니 너무나도 아까웠다. 지금까지 벌어놓은 자금을 쓸어 모아 전셋집을 겨우겨우 구하게 되었다. 그 당시 환경은 별로 중요하게 생각하지도 않았다. 그냥 잠만 잘 수 있으면 어디든 좋았다.

　집 주변은 쓰레기 더미로 덮여 있었다. 집까지 가는 골목에는 유흥업소와 술집들이 즐비했다. 실제로 새벽 5시에 집을 나서서 밤 10시가 넘어서 집으로 돌아오니 잠만 잘 수 있으면 괜찮다고 생각했던 것이다.

　하지만 주말에 휴식을 취할 때, 집을 나서고 들어올 때, 주변 환경이 매우 중요하다는 것을 느낄 수 있었다. 집은 습한 데다 환기도 잘 되지 않았다. 햇빛도 들어오지 않아서 지하실처럼 한낮에도 불을 켜지 않으면 어두컴컴했다. 사방에는 곰팡이가 피기 시작했다. 곰팡이 때문인지 원인은 잘 밝혀지지 않았지만, 면역력이 점점 떨어지기 시작했다. 천식이 생기면서 각종 알레르기에 시달렸다. 심상치 않은 나의 증상들에 점점 두려워지기 시작했다.

그렇게 몸의 신호가 하나둘씩 늘어나면서 여기저기 병원을 찾아다녀야 했다. 나는 체질검사를 시작했고, 원인을 찾고 싶었다. 하지만 딱히 원인은 찾지 못했다. 그저 원인 모를 치료만 하기 시작했다. 증상은 나아질 기미를 보이지 않았다. 점점 나빠지는 몸 상태는 새벽 수련마저도 너무나도 힘들고 지치게 했다. 건강하기 위해서 시작한 요가였는데 이렇게 몸이 안 좋아질 거라고는 상상도 하지 못했다. 물론 요가수련이 만병통치약은 아니지만 조금은 도움이 될 거라고 생각했는데…. 하지만 요가수련으로 몸을 좋아지게 하는 것보다 몸을 해롭게 하는 습관을 없애는 것이 우선이었다.

지금 와서 생각해보면 나는 참 두려움이 많은 사람이었다. 내가 하고 싶은 말도 제대로 표현하지 못하는 바보 같은 사람이었다. 마음에 들지 않는 상황이라도 그저 항상 밝은 모습만 보여 주려고 애썼다. 매번 평화롭기를 바라고 그 어떠한 상황에서도 완벽함만을 추구해온 것 같다. 어떤 두려운 상황이 닥치면 당장 그것만 피하려고 숨어버렸다. 그 상황에 맞서 해결하지 않고 덮어버리고 나서 잊으려고 노력했다. 실제로 그 상황은 잊힐 뿐이지, 해결되지 않은 채 나의 무의식에 잠재되어 있는데도 말이다.

사실, 어렸을 때로 돌아가면 나는 굉장히 수줍음도 많고 말도 잘하지 못하는 겁쟁이였다. 선생님이 발표를 시키면 괜히 눈물부터 흘리며 손을 부르르 떨기까지 했다. 처음 만나는 사람에게 말을 한다는 건 상상도 하지 못할 일이었다. 부모님은 내가 하도 조용하니까 성실하고 착한 아이인 줄로만 알았다. 오히려 신경 쓸 일이 없어 혼자 컸다고 이야기하신다. 그것이 문제인데도.

아이가 착한 아이 증후군에 걸린 줄도 모르고 어른들은 무조건 조용하고 말썽을 부리지 않으면 칭찬해주신다. 나는 어렸을 때부터 칭찬이 그리웠나 보다. 인정받고 싶은 마음이 컸는지 항상 좋은 모습만 보이려고 온갖 포장을 하면서 살아왔다. 그러다 보니 있는 그대로를 나를 받아들이지 못했다. 무엇이든 완벽한 모습만 연출하려고 온갖 노력을 다했다. 모든 상황을 경험하고 그 안에서 깨닫고 배우려고 하지 않고 피해만 다녔던 것 같다. 좋지 않은 상황이 나에게 벌어질까 봐 두려워했던 것 같다. 당장 그 상황만 피하면 문제가 해결되는 줄 알았나 보다. 피해자 마인드가 굉장히 강한 셈이었다. 자존감도 바닥이었다. 친구들이 속닥거리고 웃으면 괜히 내 이야기를 하는 것만 같았다. 항상 당당하지 못했다.

나의 어린 시절을 돌이켜보면 지금의 나의 모습과는 정반대였던 것 같다. 지금은 상상하지도 못할 행동을 하고 있다. 참아오고 숨겨왔던 모든 감정이 나의 무의식에 잠재되어 있었던 것 같다. 그것이 성인이 된 지금에서야 곪아 터져버린 것이 아닌가 싶기도 하다. 나의 영혼의 부르짖음

대로 자유롭게 행동하지 못하고 그저 나라는 사람을 하나의 완성품으로 보이기 위해 예쁘게 포장하며 살아온 것이다.

모든 사실은 결국 드러나게 되어 있다. 그것이 우주의 순리다. 언젠가는 터질 나의 모습들이 이제야 봇물 터지듯 드러나고 있는 셈이다. 그래서 세상이 나를 속인다고 생각할지라도, 세상이 불공평하다고 생각할지라도 결국 그 생각은 나의 거짓된 판단에서 비롯된 것이다. 만약 그것이 사실일지라도 나의 삶에는 아무런 도움도 되지 않을 것이다. 진실은 스스로 밝혀지게 되어 있기 때문이니까.

내가 구태여 그것이 진실이든 거짓이든 판단할 필요가 없다는 것이다. 세상이 알아서 밝혀낼 일이지 내가 관여해도 아무런 소용도 없다. 때가 되면 스스로 밝혀지게 되어 있다. 나는 그저 자신을 돌아보고 세상을 그저 있는 그대로 수용할 뿐이다. 나에게 일어나는 모든 현상을 있는 그대로 수용하며 감사하고 겸허히 받아들이면 된다.

항상 남의 떡이 커 보일 수 있다. 그것은 결국 나의 질투심에서 나오는 에고(ego)의 목소리다. 상대의 성과를 축복할 수 있어야 하는데도 말이다. 타인의 축복이 곧 나의 축복이니까. 우리는 모두 하나로 연결되어 있기 때문이다. 세상은 그 누구도 혼자서 살 수 없다. 구조가 그렇게 되어 있다. 상대와 나를 분리하는 순간 에너지가 통하지 않는다. 따라서 내가 상대로부터 무엇을 배울 수 있는지 생각해보아야 한다. 가르침을 준 세상에 감사하는 마음을 가져야 한다. 그 감사를 다시 세상에 사랑으로 내

주면 되는 것이다.

　나는 착한 사람이 아니다. 그렇다고 나쁜 사람도 아니다. 나는 '나'일뿐이다. '착하다.'라는 단어 하나만 해도 각자의 기준이 모두 다를 것이다. 우주에는 착하고 나쁨이 없다. 이는 모두 같은 말이다. 좋고 싫음이 우주에서 보았을 때는 모두 같은 개념인 것이다. 예를 들어, 내가 상대를 미워하고 질투한다는 것은, 내가 상대를 너무나도 좋아한다는 것이다. 내가 상대에 대해 아무런 관심이 없다면 상대가 무엇을 하든 아무런 마음이 생기지 않는다. 좋아하는 것의 반대말은 '미움'이 아니라 '좋음'의 또 다른 부정적인 표현인 것이다. '좋음'의 반대말은 '무관심'이다.

　가난한 가정에서 자란 나의 부모님은 절약정신이 투철했다. 그 어느 누가 보아도 구두쇠라고 할 정도였다. 먹고 싶고, 입고 싶은 것을 하나도 누리지 못하고 사셨다. 그래서인지 나도 모르게 돈을 아끼는 습관이 몸에 배어 있었다. 남들에게 베풀기는커녕 항상 얻어먹으려고만 하는 거지 심보가 가득했다. 내가 상대를 위해 돈을 쓴다는 것은 있을 수 없는 일이었다.

　그뿐만 아니라 돈에 대해 굉장히 부정적이었다. 남이 잘되는 모습을 보면 그저 부러워하면서도 다 부모님을 잘 둔 덕분일 거라며 스스로를 합리화하곤 했다. 그 사람이 증여를 받았든, 상속을 받았든 간에 그 부를 유지하고 지키는 것은 대단한 일이다. 부자가 되기 위해 얼마나 피 터지게 경제를 공부하고 부를 누리기 위해, 또 그 돈을 지키기 위해 얼마나 노력했는지는 관심 밖이었다. 그냥 겉으로 보기에 부자처럼 보이면 쉽게 돈을 벌었다고 질투만 늘어놓았다.

부자는 쉽게 되는 것이 아니다. 생각하고 공부할 일이 어마어마하다. 오히려 그 사람이 부를 누릴 수 있게 된 것을 축복해줘야 하지 않을까. 나도 그렇게 되어야겠다고 생각하고 무엇을 배울 수 있을지 연구해야 하지 않을까. 그것이 훨씬 더 현명한 발상이다.

내가 다른 사람을 질투한다는 것은 나도 그렇게 되고 싶어서다. 하지만 현실적으로 그렇게 되는 것이 너무 어렵다고 판단을 내리고 미운 마음에서부터 생겨나는 것이다. 내가 그 사람에게 관심이 없으면 그 사람이 부자든 아니든 나에겐 아무런 감정도 없게 된다. 그저 무관심하게 되는 것이다.

각자 '의자'를 한번 떠올려보자. 의자가 나의 삶과 아무런 연관이 없다면 의자는 그냥 의자일 뿐이다. 아무런 마음도 일지 않을 것이다. 하지만 어렸을 때 의자에 걸려서 크게 다쳤다거나 의자가 내가 정말 힘들었을 때 도움을 준 기억이 있다면 그 의자는 특별하게 나의 무의식에 남겨져 있을 것이다. 그래서 의자가 그냥 의자 자체로 보이지 않고 나의 사연이 담긴 물건으로 보이기 시작하는 것이다.

이는 나만 가지고 있는 특별한 사연들이 하나의 사건이나 사물을 다르게 해석하게 할 수도 있다는 말이다. 모든 것을 있는 그대로 볼 수 있어야 마음이 요동치지 않는다. 우리에게 필요한 것은 그것을 알아차리고 볼 수 있는 혜안이다. 나만 가지고 있는 모든 것을 없애고 버릴 수 있어야 한다. 그것이 바로 명상이다. 나를 고통 속에서 끄집어낼 수 있었던 유일한 방법이었다.

삶을 즐겨라, 그대 자신이 되라

05

내 삶의
쉼표

당신은 지금 얼마나 행복하고 건강한 삶을 누리고 있는가. 아마도 완벽한 행복과 자유를 누리고 있는 사람들은 아주 극소수일 것이다. 우리는 뭐가 그리 매일 바쁘기만 할까. 무엇을 위해 사는지도 모른 채 앞만 보고 달려가고 있다. 자신의 몸이 망가져 있는지도 모르고 정신없이 살아가고 있다.

나는 과거에 일에 대해 욕심이 굉장히 많았다. 일뿐만 아니라 무엇이든지 열심히 한다. 누구보다 성실하게 최선을 다한다. 무슨 일을 일단 시작하면 끝장을 본다. 누가 봐도 독하다 싶을 정도로 모든 일을 혼자서 도맡아 하려고 노력한다. 나 혼자 이루어 내고서 뿌듯함을 느끼고 싶어 했던 것일까. 아니면 인정받고 싶었던 것일까.

나는 전문대를 졸업하고 영어 강사라는 직업으로 일을 시작했다. 일자리는 많았지만 더 좋은 조건의 일자리를 지원하기 위해 4년제 학위가 필요했다. 학위 취득을 위해 사이버대학교에서 공부를 시작했다. 항상 긴장을 하면서 사는지 온몸이 뻐근했다. 그래서 몸에 대해 항상 관심이 많았다. 건강을 위해 처음으로 접한 운동은 요가였다.

새벽 4시에 눈을 떠 요가수련을 간다. 2시간이 넘는 시간 동안 수련을 하고 나서 아점으로 식사를 대충 때운다. 나는 매우 활동적이며 운동을 좋아한다. 운동을 하고 나면 온몸의 긴장감이 풀리면서 개운하고 좋은 에너지를 얻는다. 당시 요가를 하고 있었던 나는 새롭게 유행하기 시작했던 '필라테스'라는 운동에 관심을 갖기 시작했다. 무엇이든 새로운 것은 배우고 싶었다. 하지만 이제 막 생겨난 생소한 운동이라 그랬던지 등록비가 너무 비쌌다. 나는 회원가로 배울 바에 강사자격증을 따면서 덤으로 운동하는 것이 훨씬 경제적으로 이득일 것이라고 생각했다.

오전에는 필라테스 자격증을 취득하기 위해 시간을 보낸다. 수업이 끝나자마자 나의 생계를 위한 영어수업이 기다리고 있다. 오후 영어강의시간에 맞추어 급하게 서둘러 영어 학원으로 강의를 하러 간다. 이제 일을 마치고 나면 집에 녹초가 되어 돌아온다. 저녁에는 학위를 따기 위한 사이버강의와 각종 영어 관련 자격증을 취득하기 위한 수업을 듣는다. 한 번에 모든 것들을 취득하고자 하는 욕심에 들어야 하는 전공과목도 많다. 그리고 매일 쌓이는 과제들로 밤을 지새운다.

지금 생각해보면 어떻게 저 많은 스케줄을 소화해낼 수 있었을까 의문이 생긴다. 하지만 그 당시는 너무나도 재미있었고 바쁜 줄도 모르고 살았다. 그저 내 욕심 채우는데 급급했기에 내 자신을 돌아볼 여유조차도 없었다.

그렇게 바쁘게만 살던 내가 갑자기 건강이 악화되었다. 모든 걸 중단하고 부모님이 계시는 시골로 내려와야 했다. 부모님의 도움이 필요했다. 처음에는 삶이 무너지는 것 같았다. 하고 싶은 것도 많고 꿈도 많던 시절은 이제 모두 끝난 것만 같았다. 점점 세월이 흘러가면서 꿈도 잊은 지 오래다. 무엇을 해야 할지 감을 잃어버렸다.

조용하고 한가로운 시골에 내려오니 여유롭고 좋았다. 내가 그토록 원했던 자연과 매일 함께하면서 치유가 저절로 되는 것만 같았다. 자연과 함께 하면서 하루하루 시골생활에 적응해가고 있었다. 서울에 살 때는 자연을 좋아해서 가끔 조용한 산이나 바다를 가서 낭만을 즐기고 싶었다. 하지만 그러지 못했다. 무엇을 위해 사는지도 모른 채 그저 바쁘게만 살아갔다. 그토록 원했던 여유를 부릴 수 있는 시간을 허락해주신 것이다. 하지만 치유기간이 길어지고 매일 반복되는 일상에 너무나도 심심했다. 그동안 얼마나 바쁘게만 살았으면 여유로운 삶이 적응이 되지 않는 것 같다.

처음에는 금방 나을 것이라는 생각에 약을 먹으면서 급하게 바로 일자리를 알아보았다. 하지만 나의 질병은 다시 악화되기 시작했다. 모든 것을 받아들이기로 했다. 그리고는 나의 치유에만 집중하며 하루하루를 살아갔다.

아침부터 예감이 좋지 않다. 자전거를 타고 내려오는데 속도가 줄어들지 않는다. 몸이 말을 듣지 않았다. 앞에 분명 돌멩이를 발견했는데도 그 돌멩이를 향해 돌진하고 있었다. 나는 그만 돌부리에 걸려 튕겨져 나갔다. 십자인대가 파열되었다. 사고로 몇 달간 움직이지도 못하게 발이 아예 묶여버렸다. '왜 나한테만 이런 시련을 주실까?'라며 너무나도 힘들고 괴로웠다. 얼마나 세월을 돌아보지 못하고 살았으면 매번 나를 도망가지 못하게 묶어놓으실까. 하늘을 원망해보기도 하고 미워하기도 했다. 그 이후에도 계속되는 병의 재발로 사회생활을 하지 못하게 되었다.
나는 마음이 너무 힘들어 마음수련을 시작했다. 치유하는 과정이 길어지면서 세상이 나에게 주려고 하는 교훈이 무엇인지 묻고 또 물었다. 내 자신을 너무나도 모르고 살았기에 이를 알려주고 싶었던 모양이다. 덕분에 나는 큰 깨달음을 얻을 수 있었다. 살면서 가장 중요하고 가정 먼저 해야 할 일을 놓치고 살았음을 이제야 알게 된 것이다.

이제 나에게 7년 전으로 다시 돌아가라고 하면 다시는 가고 싶지 않다. 그러나 하늘이 주신 이 값진 시간을 받지 못했다면 지금의 나는 존재하지 못할 것이다. 나는 지금 너무나도 많은 걸 깨달았다. 7년 전 바쁘게만 산 나날들이 무색할 정도로 7년간의 치료 기간이 훨씬 더 값진 선물이 되었다. 인간이 태어났으면 꼭 깨달아야 하는 것들을 알게 되었다. 그동안 내가 궁금했던 삶에 대한 모든 궁금증들이 해결되었다. 아픔을 선물로 받지 못했다면 나를 아무도 막지 못했을 것이다. 평생을 깨닫지 못하고 살았을 것이다. 그저 하루하루 돈만 벌기에 급급했을 것이다. 또 돈을 왜 벌어야 하는지도 모른 채 그저 나 먹고 살기 위해 결혼자금이나 모아보고자 돈을 벌었을 것이다. 이제 와서 돌아보니 한심하기 짝이 없는 후회 막심한 인생을 살아왔다.

바쁘게는 살았지만 목적 의식도 없었고 항상 허한 마음을 채우고자 노력했다. 내 욕심을 채우려고만 애를 썼다. 그래서 세상은 눈에 보이지 않았다. 내 곁에는 사람도 없었다. 사람이라곤 시기와 질투의 대상이었다. '그들을 어떻게 이겨서 내가 더 성공할까?' 이것만을 생각하며 하루하루 경쟁하기에 바빴다.

모든 상황은 나를 살리기 위한 조건을 만들어주셨음을 깨달았다. 세상은 그런 나에게 삶에 대한 의미를 알려주기 위해 모든 조건과 상황을 만들어 나에게 선물로 주신 것이었다. 내가 그동안 얼마나 세상을 무시하고 경멸하고 살았는지 세상은 나에게 이를 깨닫게 하고 싶었던 모양이다. 세상과 나는 하나인데 항상 나와 상대를 분리하고 살았다. 이기적인 삶을 살아오면서 나밖에 몰랐던 사람이었다.

7년의 세월이 무색할 만큼 전혀 아깝지 않을 정도로 나는 내가 지금까지 살아온 삶을 충분히 돌아볼 수 있었다. 아무런 목적도 없이 앞만 보고 달려가고 있는 나에게 잠시 쉬어가라는 하늘의 뜻임을 겸허히 받아들일 수 있게 되었다.

지금까지 살면서 내가 가장 잘한 일이 바로 명상이다. 내 인생에서 쉬어가는 시간을 통해 많은 것들을 깨달았다. 인생에서 가장 중요한 삶의 의미를 깨닫게 된 것이다. 우리가 태어나서 이것보다 더 중요한 것은 없다. 가장 중요한 것을 모르고 살았던 나에게 큰 축복을 주신 것이다. 나는 복이 정말 많다. 나는 선택받은 사람이었다. 지옥불 속에 빠져 있던 나를 구해주신 하나님께 진심으로 감사드린다.

06

나는 왜 행복하지
못할까?

우리 각자가 겪고 있는 삶은 모두 특별한 체험이다. 그 누구도 똑같은 체험을 할 수 없다. 우리의 삶의 여정은 이 체험을 통해서 각자가 배울 수 있는 유일한 길이다. 이를 통해서 즐길 줄 아는 사람만이 배우고 자신을 성장시킬 수 있다.

자신만의 꿈과 하고 싶은 일이 있다고 가정해보자. 예를 들어, 요리 관련 자격증 하나를 취득하기 위해서 이에 관련된 책을 사고, 요리 연습도

해본다고 치자. 이때 수많은 실패의 과정을 겪어내야만 자격증을 취득할 수 있지 않겠는가.

우리는 모두 미완성으로 이 지구상에 태어났다. 완전한 신의 모습을 닮기 위해, 비슷한 모습이라도 갖기 위해 우리는 스스로 완전해져야 한다. 하지만 스스로 완전해지기란 쉽지 않다. 우리가 사는 세상이 단순하고, 모두가 하나같이 서로를 따뜻하게 대한다면, 너무나도 살아 내기 쉽다면 우리는 그 신성한 의식을 어디에서 배울 수 있을까.

그렇다. 우리는 완벽하게 완성된 신의 모습이 되기 위해 복잡하고 어지러운 이 지구에 스스로 택해서 온 것이다. 지금 나에게 일어나는 모든 상황은 미완성인 내가 완성으로 가는 하나의 과정인 것이다. 마치 요리사 자격증을 따기 위해 열심히 요리를 연습하고 있는 것과 같은 상황인 것이다.

삶에 어렵고 도전적인 상황들만 주어지는 것은 당연한 일이다. 한편, 이는 내가 성장하는 좋은 기회인 것이다. 이를 잘 수용하고 그 상황에서 내가 무엇을 배울 수 있는지 끊임없이 물어보라. 그러면 그 안에서 분명히 해답을 찾을 수 있을 것이다.

지구에 존재하는 이유와 목적을 스스로 깨닫기 전까지 세상은 우리를 가만히 놓아두지 않는다. 그렇다고 해서 알아차리라고 벽에다 크게 글씨를 써준다거나 귀에 대고 큰 소리로 말해주지도 않는다. 우주는 형태가 없다. 단지 에너지만 있을 뿐이다. 나에게 깨달음을 주려고 그 에너지로 살짝살짝 건드려줄 뿐이다. 그것을 바로 알아차리고 그 상황에서 깨달음을 얻는다면 똑같은 상황은 다시 일어나지 않는다.

　나는 학창시절 공부에는 취미가 없었다. 고등학교를 졸업하면 무조건 대학에 진학해야 한다는 의무감만 있었다. 진로를 어떻게 정해야 할지도 몰랐다. 남들이 가니까 무조건 대학에 진학해야만 한다고 생각했다. 아버지께서는 이름 모를 4년제 대학에 갈 바에는 차라리 전문대학교나 가라고 하셨다. 등록금 문제도 있었고, 집안 사정도 잘 아는 만큼 돈 걱정이 앞섰다. 나도 전문대학교에 가서 장학금 받고 빨리 졸업하는 것이 돈을 아끼는 길이라고 생각했다.

　어찌 되었든 전공을 택해야만 했다. '무엇이든 배워야 한다면 이왕이면 세계 공용어인 영어라도 배워놓자. 그러면 언젠가는 쓰이겠지.'라는 단순한 생각에 전문대학교 관광영어과에 원서를 넣었다. 친구들은 수능 공부를 할 시간에 나는 졸업을 앞두고 남은 시간 동안 나를 시험해보고 싶었다. 성적에 들어가지도 않는 마지막 기말고사 시험을 목숨 걸고 공부하기 시작했다. 수능을 준비하는 친구들보다도 더 열심히 공부에 몰두했다. 결국, 내신 성적에도 들어가지 않는 시험에서 난 엄청난 점수를 얻게 되었다. 난생처음 본 내 평균점수를 보고 나는 경악했다. 이때부터 나도 하면 된다는 것을 깨닫게 되었다.

대학교 시험에서 장학금을 받으면 등록비도 아끼고 해외 어학연수도 저렴하게 갈 수 있는 프로그램이 있다고 했다. 그 소식을 듣고 나는 목숨 걸고 공부하기 시작했다.

그 짧은 2년이라는 시간 동안, 즐거웠던 학창시절은 다 지나가고 인생에서 '경쟁'이라는 것을 배우게 되었다. 나는 오로지 장학금을 목표로 대학교에 들어왔다. 절대평가가 아닌 상대평가가 이루어지는 시스템인 만큼 나는 대학 동기들을 멀리하기 시작했다. 그러곤 내 목표를 이루려고 몰래 공부하기 시작했다.

옆의 친구가 혹시라도 더 많은 정보를 가져가면, 나보다 더 좋은 성적을 얻을까 봐, 내가 장학금을 받지 못하는 불상사가 생길까 봐 두려웠던 것이다. 내가 알고 있는, 시험에 나올 만한 알짜배기 정보들은 공유하지 않고 혼자만 몰래 알며 그렇게 바쁘게 살아갔다. 나는 남들보다 IQ가 낮다는 사실을 알고 있었다. 그 때문에 100배, 1,000배 더 노력해야만 그나마 절반이라도 따라갈 것 같았다.

밥도 굶어 가며 화장실 변기에 앉아서도 공부했다. 그래도 결국 1등은 한 번도 차지하지 못했다. 하지만 내가 바라던 장학금은 탈 수 있었고 해외 어학연수를 가는 기회도 얻었다.

나는 나 자신을 너무 숨기고 감추려고만 했다. 항상 실수를 피하고 완벽한 모습만을 보일 수 있기를 바랐다. 오로지 인정받기 위해 고군분투했다. 마치 도둑들이 남의 물건을 훔쳐 놓고 마음 졸이며 숨어 다니듯이 말이다.

그렇게 해서 드디어 나는 스무 살 때, 학기 중에 처음으로 오랜 기간 가족들과 떨어져 해외로 어학연수를 가게 되었다. 학교에서 장학금을 타기 위해 누구보다 열심히 공부했고, 고3 수험생들처럼 집과 학교만 왔다 갔다 했다. 그러면서 친구들과 한창 놀고 대학 캠퍼스 생활을 즐겨야 할 나이에 나는 혼자서 공부만 했다. 나의 목표는 오로지 장학금과 해외 어학연수였기 때문이다.

나의 욕심은 어디를 가든 꼬리처럼 따라다녔다. 나는 그 당시 내가 음식에 대한 탐욕이 있다는 것을 발견하기도 했다. 남들보다 유난히 모든 면에서 욕심이 많다는 것을 알게 되었다. 무엇이든 남들보다 잘해야 하고, 우수해야 했다. 경쟁심이 많아 항상 이겨야 한다는 승부욕이 발동하곤 했다.

몸은 말랐지만, 음식도 가리지 않고 아무거나 잘 먹었다. 외국 친구들이 신기해할 정도로. 그 어마어마한 양의 음식이 내 배 속으로 다 들어가는 걸 보고 놀라지 않는 친구들이 없었다. 나는 친구들의 부러움을 사기위해 더 잘 먹는 모습을 보여주곤 했다. 나도 먹는 것을 워낙 좋아했기 때문에 그렇게 매일 폭식하며 지냈다.

그때부터 하루하루 나의 식탐도 늘어갔다. 나는 늘 아무리 먹어도 살이 안 찐다는 것을 장점으로 내세우며 매일같이 우거우걱 짐승처럼 먹어댔다. 친구들은 복스럽게 먹는다고 칭찬해줬다. 그렇게까지 나는 인정받고 싶었나 보다. 그 이후로 나는 매일 밤 파티에 가서 과식, 야식, 폭식을 즐겼다. 결국, 매일같이 배 속에서 탈이 났다. 체하고 더부룩한 상태에서 잠자리에 들었으니 당연한 결과였다.

그 이후에 피부만큼은 자신 있었던 내 얼굴에 뾰루지가 하나씩 돋기 시작했다. 그러다 온 얼굴에 염증이 퍼지기 시작했다. 그리고 변비가 생겼다. 생리가 끊기기 시작했다. 3개월이라는 시간이 흐르고 한국에 돌아올 때쯤, 나는 걸어 다니는 종합병원이 되어 있었다. 한국에 돌아와서 산부인과부터 시작해 피부과, 한의원을 찾아다니며 치료를 시작했다. 하지만 한번 망가진 몸을 다시 돌이키기는 너무나도 어려웠다.

분명 우주는 나에게 경고의 신호를 주었을 것이다. 하지만 나는 이를 감지하지 못한 채 무시해버렸다. 그 혹독한 결과였다. 우주는 우리가 알아차릴 때까지 계속 신호를 준다. 이 신호를 바로 알아차리고 그 상황에서 깨닫고 배움을 얻는다면 더 심한 자극을 주지 않는다.

인간은 본래 자신에게 약한 강도의 신호를 주면 무시하고 살 수밖에 없다. 사는 데 별로 불편함이 없기 때문이다. 그래서 우주는 계속해서 강한 자극을 주기 시작한다. 인간은 배우고 성장하기 위해 이 지구상에 존재하는 것이다. 그러지 않는다면 우주는 계속해서 강한 자극으로 우리를 시험에 들게 한다. 그 상황이 너무나도 힘들고 피하고 싶다면 방법은 딱 한 가지다. 바로 우주의 뜻을 알아차리고 빨리 배워버리면 된다.

평상시에 자신을 잘 돌아보고 스스로를 사랑한다면 자신과의 소통이 잘되어 있는 것이다. 그러면 우주의 작은 소리에도 귀를 기울여 들을 줄 알게 된다. 그 안에서 매 순간 깨닫고 배우며 살아갈 수 있게 되는 것이다.

나는 이를 깨닫고 항상 현재 일어나고 있는 상황을 탓하지 않는다. 대신 세상이 나에게 주려고 하는 메시지가 무엇인지 생각했다. 그리고 그 답을 내 안에서 찾기 시작했다. 그러다 우주는 항상 내가 성장하기를 바랄 뿐이고 나를 이롭게 하는 존재임을 알게 되었다. 모든 사건과 상황에서는 결국 잃은 것보다 얻은 것이 훨씬 더 많았다. 나의 삶은 더 가치 있고 행복하게 변화되어 있었다.

07

불행은 하나의
출발점이다

모든 상황에는 항상 일어나는 이유가 있다. 하지만 그 상황에 닥쳤을 때 감정이 먼저 앞서다 보면 바로 그 이유를 알아차리기는 쉽지 않다. 오직 내 감정에 이끌려 그 상황과 세상 탓만 하게 될 수도 있다. 하지만 세상은 언제나 내 편이다. 세상은 이유 불문하고 어떠한 상황과 조건을 가지고 나에게 선물을 주고 있다. 이를 빨리 알아차리고 스스로를 돌아볼 줄 알아야 한다. 내가 아직 발견하지 못한 허황된 나의 감정과 마음들을 버려야 한다. 그리고 그 상황에서 얻을 수 있는 교훈을 받아들여야 한다.

그러면 모든 상황을 대처할 수 있는 마음근육이 점점 단단해질 것이다.

어제 코로나 검사를 받기 위해 병원을 다녀왔다. 코로나는 감기와 같은 성질을 가지고 있다. 쉽게 전염이 되고 걸렸더라도 또 스스로 방어하거나 관리하지 않으면 언제든지 다시 걸릴 수 있다. 몇 개월 전에 걸렸었는데 다시 걸려서 검사하러 온 사람도 쉽게 볼 수 있었다. 우리 모두가 이를 이겨내기 위해서는 스스로 방어할 수 있는 대책을 마련해두는 것이 가장 중요하다.

이 세상은 이미 오염이 되어 더러운 균들로 가득 차 있다. 그렇다고 해서 내가 더러운 세상을 탓하고만 있다면 과연 그것이 해결 방법이 될 수 있을까. 스스로가 면역력을 높이는 데 힘을 쓰고 청결에 신경을 써야 한다. 그래야 나를 보호하고 세상에게도 피해를 주지 않을 수 있다. 이게 바로 지혜로운 삶인 것이다. 술에 취한 사람이 와서 나를 건드린다고 치자. 그 사람과 맞서 싸워봤자 이미 상대는 제 정신이 아니다. 다음날 기억도 못할 것이다. 거기서 엄한 에너지를 쏟을 필요가 전혀 없다.

모든 사람에게는 장단점이 있다. 즉, 각자에게 취약한 점이 있다는 것이다. 장점을 찾았으면 그것을 더 키우기 위해 노력하는 것도 중요하다. 하지만 취약한 점이 있다면 이를 극복하기 위해 계속해서 강해지도록 스스로 훈련하는 것도 매우 중요하다. 내가 살면서 어떤 습관이 내 삶의 질을 떨어뜨린다면 그것을 좋은 습관으로 바꿔나가는 행동이 필요할 것이다. 그러기 위해서는 내가 개선하고자하는 습관이나 행동, 마음, 감정들을 계속 들여다보고 찾아내는 것이 관건이다. 찾아냈으면 이제 하나씩 행동으로 바로 바꾸는 연습이 필요하다. 연습하고 노력하면 누구나 할 수 있다. 그 의지만 있다면 모든 것을 변화시킬 수 있는 무한한 능력이 우리에게는 존재한다. 여기서 가장 중요한 것은 내가 진짜 노력해서 변화시키고 싶은지 아닌지 내 마음의 결정이다. 내 마음이 나의 성과에 큰 영향력을 끼치는 것이다.

어떤 상황과 부딪혀 내 기분이 별로 좋지 않다면 나의 약점이 발견되었다는 뜻이다. 그 상황과 세상을 탓하며 불행하다고 할 것이 아니라 불편해하고 있는 내 모습을 돌아보아야 한다. 다음번에도 비슷한 상황이 왔을 때 어떻게 하면 민감해지지 않고 둔해질 수 있는지 연구해보는 것이 나를 발전시킬 수 있는 방법이다. 나의 행동에 매 순간 의식을 두고 내가 바꾸고자 하는 행동과 습관을 정반대로 행동해보면 처음에는 쉽지 않지만 계속해서 의식을 두고 연습하다보면 조금씩 바뀌기 시작한다.

나의 무의식은 어린 시절 아버지에 대한 좋지 않은 기억에 사로잡혀 있었다. 나는 명상을 시작하고 나서 모든 것을 다 용서하고 버렸다고 생각했다. 하지만 며칠 전 나의 과거를 정화하면서 아주 깊은 곳에서 다시 미운 감정이 급격하게 올라오기 시작했다.

너무나도 괴로웠다. 다른 사람도 아닌 가장 가까이에 있는 아버지에 대한 미운 감정을 인정하기가 너무나도 힘들었다. 미워하고 싶지 않은데 몸이 말을 듣지 않았다. 그냥 얼굴만 보아도 화가 치밀었다. 과거에 사로잡혀서 아버지의 얼굴만 보면 과거가 회상되고 온몸이 떨렸다. 무섭고 두려웠다. 몸이 저절로 반응을 한다. 그래서 마주칠 때마다 빨리 방으로 피해 숨어 있기도 했다.

처음에는 피해 다니다가 다시 명상을 하며 나를 깊숙이 돌아보았다. 무엇이 나를 그렇게 힘들게 할까. 어떠한 과거가 나를 괴롭히는지 자세히 들여다보기 시작했다. 더 이상 피하지 않고 마주하기로 했다. 있는 그대로의 모습을 수용하고 아버지 입장에서 다시 바라보았다. 아버지가 산 삶을 바라보았다. 그 당시 그럴 수밖에 없었던 이유를 이해하게 되었다. 그러니 저절로 용서하게 되면서 모든 것이 사라졌다. 그렇다. 내가 스스로 나를 과거에 가두고 상처를 받고 있었다.

우리 모두는 존재 자체만으로도 상대방에게 해를 끼칠 수 있다. 나는 그런 의도가 아니었지만 상대방은 언제든지 나의 존재만으로 자신을 공격한다고 생각할 수 있는 것이다. 예를 들어, 그냥 지나가는 사람이 나를 이유 없이 기분 나쁘게 쳐다본다고 생각할 수도 있을 것이다. 하지만 알고 보면 상대방은 전혀 그런 의도가 없을 수도 있다. 단지 그 당시 내 기분이 안 좋았을 수도 있다는 것이다. 따라서 모든 나의 생각은 스스로 선택하는 것이다.

어렸을 때의 아버지의 존재가 너무나도 무섭고 싫었다. 어린 아이가 받았던 상처가 성인이 된 지금도 사라지지 않고 커져 있었던 것이다. 그리고 그 어린 아이의 두려움으로 성인이 된 나를 스스로 가둬두었던 것이었다. 나는 이를 알아차리고 나에게 있는 감정을 그대로 수용하기 시작했다. 처음에 나에게 있어서 아버지의 존재가 불행이라고 생각했다. 화도 내보고 원망도 해보았다. 그러면서 상대를 이해할 수 있는 능력이 점차 생기게 되었다.

부모도 부모가 처음이다. 그 어떠한 부모도 자기 자식을 잘못 키우고 싶어 하는 사람은 없을 것이다. 그 당시에는 부모들은 자기를 돌아볼 수 있는 시간도 없었다. 그저 먹고 살기에 바빴다. 스스로의 존재를 알지도 못한 상태에서 자신과 똑같은 아이를 낳고 그 아이와 함께 성장하게 되었던 것이다.

다른 사람보다 특히나 두려움이 많은 아버지는 아이가 잘못될까 봐 걱정이 많았던 것이었다. 얼마나 두려웠을까. 아이를 잘 키우고 싶은 마음이 너무나도 컸기에 그것이 집착이 되었던 것이다. 자기 관념에서 아이의 성장이 잘못될까 봐 매 순간 두려웠던 것이다.

충분한 사랑을 받지 못하고 자란 아버지 내면의 어린아이가 두렵고 무서웠던 것이다. 그래서 성인이 되었지만 위로받지 못한 그 아이가 그대로 몸만 성장이 되었다. 아직도 부모의 보살핌을 그리워하고 있을 것이다. 부모도 한 인간으로서 사랑과 보살핌이 필요한 존재였다.

누구나 모든 상황에서 최선을 다한다. 그 순간에는 나름 최선의 방법이었던 것이다. 사랑을 받지 못하고 성장했던 아버지가 단지 부모라는 이유만으로 자식에게 충만한 사랑을 줄 여유가 없었던 것이었다. 자신이 먼저 사랑이 충만해야 사랑을 나눠줄 수도 있는 것이다.

인간은 자신이 완전하지 못하면 상대방에게 완전함을 바라기도 한다. 하지만 내가 스스로 채워지지 못했다면 상대도 채워줄 수 없는 것이다. 나도 부족한 존재이고 상대도 부족하다는 것을 수용해야 한다. 그리고 서로 채워나가며 함께 성장하면 된다.

완벽한 부모는 이 세상에 없다. 일상에서 겪는 어려움들이 존재하고 어려움이 있기에 우리가 이를 극복하고 성장할 수 있는 것이다. 나는 부모님을 보면서 상대의 투영으로 나를 돌아볼 수 있게 되었다. 나의 모습이 비춰지면서 내가 그 모습을 닮았다는 것을 인정했다. 내가 그 모습이 싫다면 그렇게 행동하지 않으려고 노력하게 된다. 타인의 실수와 안 좋은 버릇을 보고 나에게도 있는지 확인을 하며 그러한 행동들을 어떻게 제거할 수 있는지 배우게 되었다. 부모님을 통해 나는 더 많은 성장을 하게 되었다.

누구라도 실수를 했다고 해서 절대 죄의식을 느낄 필요는 없다. 오히려 우리는 그 부족한 면을 통해 성장할 수 있는 기회를 얻게 되는 것이다. 나의 부모님은 부족했고 그 부족함 덕분에 나를 돌아볼 수 있었다. 그리고 나는 이를 승화시켰고 성장시켰다. 그래서 그동안 불행이라고 생각했던 이 시간이 너무나도 감사하다.

상대를 보고 내가 이러쿵저러쿵 나의 생각을 표현할 수는 있다. 하지만 결국 생각은 생각일 뿐이다. 절대 사실이 아니다. 모든 사람들은 각자의 개성이 있는 것이다. 있는 그 자체로 모든 것을 수용할 수 있어야 한다. 그 누구도 타인과 나의 관계를 위아래로 판단할 수도 없고 판단해서도 안 된다. 누가 누구를 가르치고 도와준다고 생각하는 것도 각자의 생각일 뿐이다. 우리는 모두 하나의 선상에 존재하고 함께 가는 것이다.

힘들 때는 잠시 거리를 두고 스스로를 돌아보아야 한다. 그리고 상대의 입장이 되어보아라. 그 불행이라고 생각되는 모든 상황을 통해 내 자신이 개선될 것이라고 마음을 다져보아라. 내 자신을 위해 최선을 다해 나를 승화시킬 수 있다. 내 안에 있는 안 좋은 생각과 감정을 모두 정화시킨 후 다시 만나 함께해야 한다. 즐거운 삶의 여정을 다시 손을 잡고 걸어가는 것이다. 그것이 인생이다.

08

원한다면
상상해봐

사람들은 흔히 눈에 보이는 현실만 믿고 산다. 나 역시 그랬다. 육안으로 보이는 것만이 다인 줄 알고 살았다. 지극히 현실주의자였다. 하지만 그동안 수많은 책들을 읽고 치유과정을 겪어오면서 깨닫게 된 사실이 있다. 보이지 않는 곳에 가장 가치 있는 큰 보석이 있다는 것을. 나는 예전에 누군가 눈에 보이지 않는 에너지, 파동, 영적인 이야기들을 늘어놓으면 쓸데없는 소리라고 생각했다. 사이비 같은 소리라며 무시하고 살았다.

이 세상 모든 만물은 에너지로 이루어져 있다. 인간도 전기가 흐르고 있기에 정전기를 느낄 수 있는 것이다. 우리의 언행에도 에너지가 실려져 있다. 어느 한 실험에서는 물 두 컵을 받아놓고 한 컵에 들어 있는 물에는 칭찬의 말을 해주고, 다른 한 컵에 물에는 갖은 욕설을 퍼부었다. 칭찬을 받은 물의 결정체를 확대해서 보니 선명하고 예쁜 모양으로 만들어져 있었다. 반면 욕설을 받은 물의 결정체는 흐리고 선명하지 못했다.

이처럼 우리가 흔히 모르고 지나칠 수 있는 모든 것에는 에너지가 고스란히 전해지고 있다. 또 우주에는 우리가 과학적으로 설명할 수 없고 이해할 수 없는 현상들이 존재한다. 그래서 우리는 인생을 살다 보면 기적이라고 하는 것을 만나게 된다. 인간의 관념으로는 절대 이해할 수도, 설명할 수도 없는 세상이 분명히 존재하고 있다.

최근에 마음공부를 하면서 읽은 책에서 '원하는 것을 상상했을 때 현실로 다가 온다.'라는 사실을 알게 되었다. 그리고 나는 이를 직접 체험할 수 있었다. 내가 원하는 대로, 생각하는 대로 현실이 된다면 생각만 해도 설레고 행복하지 않은가. '믿거나 말거나'겠지만 각자 스스로 선택하는 것이다.

나도 지극히 현실만을 중요시 했던 사람 중에 한 명이었다. 하지만 나는 너무나도 내가 처해 있었던 현실이 괴로웠고 선택의 여지가 없었다.

지푸라기라도 잡고 싶은 심정으로 무엇이든 다 실험을 해보기로 했다. 밑져야 본전 아니겠는가.

　내가 상상하고 내가 명령하면 현실이 된다. 이 세상에 드러나는 모든 현실은 내가 명령하지 않았는데 나타난 것은 없다고 한다. 지금 내가 현재 마주하고 있는 모든 상황도 내가 무의식에서 지속적으로 명령을 해왔기에 현실로 돌아온 것이다.

　지금 현재 상황이 마음에 들지 않은가. 그렇다면 가장 먼저 해야 할 일은 나의 무의식을 바꾸어야 했다. 내가 원하는 것을 무의식에 집어넣기 위해 나의 노력이 필요했다. 방법은 아주 간단하다.

　내가 원하는 상황을 상상으로 시각화하여 원하는 상황이 이미 왔다고 가정해보자. 그리고 그때의 나의 기분을 온전히 느낀다. 항상 나의 기분이 좋아지도록 유지시킨다. 기쁘고 행복한 기분을 늘 유지해야 한다. 원하는 것에 의도적으로 집중하고 기분을 좋게 만들면 우주는 신호를 받고 그것을 반드시 가져다준다. 이것이 내가 그 상황을 끌어당기게 되는 것이다.

　무엇이든 할 수 있다. 잘 안 될 때는 잘 되었을 때의 기분을 상상하라. 언제 내가 기쁨을 느끼는지를 알기 위해 내가 좋아하는 것을 찾아야 한다. 그리고 지금 당장 행복과 기쁨을 온전히 느껴라. 오직 기쁨과 행복만 느낀다면 그것이 끌어당길 수 있는 비법이다.

기분이 좋아지도록 목숨 걸고 상상하라. 원하는 것을 끌어당기는 방법은 지금 당장 행복을 느끼는 것이다. 계속해서 상상한다면 그것이 현실로 오지 않겠는가.

명령은 의식의 내면에서 믿음으로 나온다. 말로써 명령하는 것이 아니라 믿음으로 명령하는 것이다. 말은 오히려 의심에서 나온다. 우주는 말과 행동을 듣지 못하고 감정과 느낌을 듣는다. 현실을 믿지 마라. 상상속이 진실이다. 이미 일어난 일의 실수의 교정은 상상을 통해서 일어난다.

나의 상상력이 바로 내 안의 창조주이신 하나님이다. 여기서 하나님이란 우주, 세상, 부처님, 알라, 모든 세상 만물을 창조하는 창조주를 말한다. 꾸준히 원하는 것을 상상하면 그것이 현실로 이끄는 것이다. 아무리 이성적으로 계획하고 살아도 상상력이 부족하면 이루지 못한다.

쉽게 생각해서 우주에 내가 원하는 것을 주문하는 것이다. 우리가 식당에 가서 음식을 주문한다고 가정해보자. 그러면 음식을 주문해놓고 일정 시간 기다리면 주문한 메뉴가 나올 것이다. 이와 같은 원리라고 생각하면 쉽다.

우리는 메뉴를 주문할 때 주문한 메뉴가 나오지 않을까 봐 노심초사하거나 걱정하지 않는다. 주문한 메뉴는 당연히 곧 나올 것이라고 생각하고 그냥 아무 생각 없이 기다리지 않은가. 우주에 주문을 할 때에도 같은 마음으로 해야 한다. 내가 원하는 것을 상상해라. 그리고 그 상상한 것이 이미 상상한대로 이루어졌다고 생각하고 우주에 신호를 보내야 한다. 이를 온전히 믿고 가슴으로 해야 한다. 말로만 아무 영혼 없이 바라기만 하는 것은 나의 또 다른 결핍을 우주에 주문하고 있는 것이다.

이미 이루어졌다고 생각만 해도 설레지 않은가. 그 설렘과 기쁨을 온전히 가슴으로 느껴야한다. 그러면 우주는 신호를 받고 현실로 가져다준다. 여기서 꼭 기억해야 할 것은 우주도 버퍼링이 있다는 것이다. 우주에게 주문을 했다고 해서 바로 가져다주지는 못한다. 끊임없이 신호를 반복해서 보내야 한다. 중간에 우주를 의심하거나 두려움이 생길 수도 있다. '이거 안 되는 거 아니야?', '오긴 오는 거겠지?'라는 걱정의 신호를 보낸다면 다시 처음부터 주문을 해야 한다. 온전히 믿고 지속적인 주문이 필요하다. 그리고 인내를 갖고 기다려야한다. 우리가 음식을 주문했을 때도 가끔 잘못 주문이 나오거나 주문이 밀릴 때도 있지 않은가. 하지만 결국에는 내가 원하는 메뉴가 나오게 되어 있다. 오히려 주문이 밀리고 잘못 나왔을 경우 더 좋은 서비스를 제공받기도 한다. 우주도 마찬가지다. 믿고 인내심을 가지면 누구나 원하는 삶을 누리며 살 수 있다.

내가 상상하는 모든 것은 이미 내 눈앞에 펼쳐져 있다. 현실주의자들은 장미 꽃봉오리를 보며 장미가 피기만을 기다린다. 하지만 나의 상상력인 영안으로 보게 되면 장미가 이미 활짝 핀 모습을 볼 수 있을 것이다.

상상력은 천국으로 가는 열쇠이다. 내가 바라는 모든 일은 내 안의 하나님이 들어주신다는 믿음이 있어야 한다. 천국은 믿음이 있는 자에게만 누릴 수 있는 권리이다. 내가 바라는 모든 것을 들어주신다는 것을 믿고 이미 이루게 해주셨음에 감사하며 살아가면 그 자체가 그야말로 천국의 삶이 되는 것이다.

나는 부유한 가정에서 자라지 못했다. 그리고 나는 내가 열심히 일한 만큼만 부를 누릴 수 있다고 생각했다. 하지만 나의 체력의 한계를 인정하고 앞으로 돈을 벌 수 없을 거라 생각했다. 나는 더 이상 내 몸을 세상을 위해 쓸 수 없다고 생각했다. 거의 포기 상태였다. 그냥 숨 쉬고 하루하루를 살 수 있게 해주신 것만으로도 감사했다. 그렇게 스스로 합리화시키며 오로지 몸만 신경 쓰며 살았다. 하지만 몸은 더 나아지질 않았다. 계속 늘 그 자리였다. 세상을 위해 나도 이 몸이 쓰이기 위해 분명 태어났을 텐데 그 역할을 하지 못하고 있으니 영혼이 숨 쉬지 못하고 있었다. 이 자리에서 머물러있고 싶지 않았다. 이제 나도 경제적 자유를 누리고 싶었다. 살면서 돈은 매우 중요하다. 중요한 줄 알면서도 스스로 필요 없다고 생각하고 계속 합리화하며 살아왔다. 하지만 그렇게 돈에 대해 저항하고 부정적으로 생각할수록 나는 더 갈구하고 있었다. 세상 사람들을 만나려면 돈이 없이는 어디에든 걸림돌이 되었다. 삶을 충분히 즐기지 못하고 있음을 느꼈다. 나도 이 몸이 세상을 위해 쓰이며 세상과 함께 누리며 살고 싶었다. 나의 내면에서는 분명히 원하고 있었다. 하지만 나는 질병으로 할 수 없다고 인정해버리고 스스로 포기해버렸던 것이었다. 내가 세상과 함께 하기 위해 돈은 필요했다. 나는 이 모든 것을 깨닫고 경제적인 자유를 누리고 싶었다. 그때부터 매일 돈이 들어오고 있음을 상상하고 행복을 느꼈다. 돈의 풍요를 느끼며 자유를 느끼고 싶었다. 돈이 삶의 목적은 아니지만 꼭 필요한 수단으로 사용되고 있음을 잘 알고 있었다.

나는 무엇을 하나 사더라도 가격을 비교하느라 온갖 고민을 하며 살아왔다. 그랬던 나는 이제 더 이상 가격을 보지 않고 물건을 사기 시작했다. 이는 내가 돈이 많아서 허세부리는 것이 아니다. 온전히 나에게 풍요로움이 있음을 믿는 것이다. 그리고 쓸데없이 가격비교를 하며 생각을 하는 데 에너지를 쏟지 않는 것이다. 돈에 대한 집착을 하지 않게 된 것이다. 항상 나에게는 돈이 들어오고 있음을 믿는 것이다.

상상력의 힘을 알고 난 이후, 나에게 끊임없이 흘러 들어오는 돈으로 세상을 위해 쓰고 있는 내 자신을 상상했다. 그러니 생각지도 못했던 곳에서 돈이 들어오기 시작했다. 갑자기 하늘에서 뚝 떨어지는 돈도 세상에 존재하더라는 것이다.

갑작스럽게 보험금을 탈 수 있었다. 덕분에 그 돈으로 책을 쓰는 법을 배우는 교육을 받을 수 있었다. 그리고 그 외에도 '코로나상생지원금'을 비롯한 '농업여성지원금'과 같은 지원금이 나에게 주어졌다. 시골에서 살고 있다는 이유만으로 그냥 나오는 돈이었다. 세상은 내가 경험하지 못한 세계들이 너무나도 많다. 나는 앞으로도 항상 나에게는 끊임없이 돈이 흘러 들어올 것이라고 믿는다. 물론 과거에도 세상은 늘 그랬다. 그러지 않다고 생각했던 내가 그 현실을 창조해낸 것이었다. 사실 하늘은 언제나 나를 돕고 있었지만 이제야 나를 돕고 있음을 느낄 수 있었던 것이다. 나 하나만 변했을 뿐인데 세상이 변했다고 착각하는 것이다. 인간은 늘 자신을 보지 못하고 시선이 외부로 향해 있기 때문이다. 세상은 원래 영원불변하다. 항상 그 자리에 존재한다. 인간만이 영원하지 않는 변하는 존재다.

오로지 우주를 믿고 원하는 대로 상상만 한다면 반드시 내가 원하는 모든 삶을 누리며 살 수 있다.

2장

마음 하나 바꿨을 뿐인데

01

아파하지 말고
행복해지자

밤새 시달렸다. 꿈에서 어렸을 때의 나를 보았다. 어린 나는 몸살이 걸려 너무나도 아팠다. 죽을 것만 같았다. 하지만 엄마는 그런 나를 이해하지 못한다. 엄마는 내가 곧 죽어도 학교 가서 죽으라며 기어코 학교에 나를 보낸다. 나는 아픈 몸을 질질 끌고 가서 하루 종일 책상에 엎드려 있었다. 너무나도 힘이 들었다.

"혈압 재러왔습니다." 지친 몸으로 눈을 떠보니 병실이었다. 병이 또 재발해서 입원한 지 3일째 되는 날이었다.

나는 어렸을 때부터 몸이 아파도 그런 나를 알아주는 사람이 없었다. 그것이 너무나도 서러웠다. 몸도 마음도 아팠다. 물론 그 당시 엄마 입장에서는 학교의 개근상이 중요하게 생각되었을 것이다. 그 순간은 누구나 최선을 다한다. 세상에 완벽한 부모는 없다. 완벽하지 않기에 내가 배울 수 있는 것이다.

입원 당시 나는 원고를 집필 중이었다. 입원을 하고 난 첫날부터 정신적으로 너무나도 힘들었다. 원고를 다 쓰지 못할까 봐 두려웠던 모양이다. 링거를 맞으면서까지 밤새 노트북을 꺼내 원고를 쓰기 시작했다. 하지만 몸이 편치가 않았는지 원고는 잘 써지지도 않았다. 몸만 더 힘이 들었다. 결국 나는 다음날 술에 취한 사람처럼 비몽사몽 하루 종일 사경을 헤맸다. 다음 날도 여전히 몸은 잠이 오는데 온갖 머릿속에는 원고 쓸 생각으로 가득 차 있었다. 재밌게 즐기며 하자는 나의 초심은 온데간데없었다. 그저 빨리 끝내고자 하는 에고의 목소리만 들릴 뿐이었다. 졸린 몸을 억지로 깨우며 원고를 쓰려고 애를 썼다. 순간, 내가 나의 몸을 스스로 학대하고 있었다는 것을 알아차렸다.

어렸을 때부터 무엇이든 노력으로만 결과를 이루어내야 한다고 교육

받았다. 매일 나에게는 하루하루 숙제가 주어졌다. 그 숙제를 억지로 해야만 했다. 항상 나의 일생은 의무적이었다. 자연스러움이라고는 찾아볼 수가 없었다. '나의 행복만을 위해 살아본 적이 있었나?' 돌아보면 그렇지 않다. 항상 부모님께 칭찬받기 위해, 누군가에게 인정받기 위해, 혼나지 않기 위해, 늘 그렇게 끌려다니듯이 나의 영혼의 소리를 듣지 못했다. 그저 시끄러운 주변의 소리에만 치이며 살아왔다. 무엇이든 해내야 하기 때문에 어떤 일을 하고 있었다. 진정으로 내 가슴이 설레고 행복해서가 아니었다. 해야만 했기에 나는 하루하루를 버티듯이 살아냈다. 그런 나의 모습이 나의 깊은 내면에 사로잡혀 있었다.

분명 나는 이 천국을 온전히 즐길만한 자격이 충분함에도 불구하고 나는 또 다시 나를 힘들게 하려고 한다. 에고는 나의 익숙한 모습을 좋아한다. 가난하게 산 사람은 가난한 환경에 익숙해져 있다. 나은 환경에 적응하지 못해 평생 가난하게 사는 것이다. 아팠던 사람도 건강하게 살 수 있음에도 평생을 아프게 살았기에 반대의 상황이 오면 적응을 하지 못한다. 그래서 그것이 좋든 나쁘든 상관없이 스스로를 아프게 해야만이 에고는 편안함을 느낀다. 나 또한 나의 에고의 모습이 발견되었다.

나는 그 누구보다도 열정이 가득하고 무엇이든 열심히만 한다. 열심과 성실을 빼면 시체다. 그저 나의 영혼이 즐거우면 자연히 열심히 하게 되는 것인데도 말이다. 무조건 열심히만 하려고 의무적으로 하기 시작한다. 영혼의 목소리를 듣기도 전에 나의 에고가 먼저 일을 하고 있었던 것이었다. 순서가 바뀌었던 것이다. 내 영혼의 에너지가 충만해야 그 에너지를 뿜어낼 수 있다. 하지만 나는 항상 없는 에너지를 끌어모아 억지로 몸을 질질 끌며 다녔던 것이었다.

원고도 나의 영혼이 즐겁고 편안해야 잘 써지는데, 구태여 꼭 지금 다 써야 한다는 압박감을 가지고 있었다. 나는 시끄러운 병실, 몸이 말을 안 들어 졸려하는 몸, 모든 방해되는 환경을 이겨내려고 하며 원고를 쓰고 있었다.

순간 아차 싶었다. 모든 것을 내려놓고 일단 몸을 쉬게 해주었다. 졸리면 자고, 배고프면 먹었다. '자도자도 졸리다'는 것은 몸이 그만큼 휴식이 필요하다는 신호이다. 이를 또 무시하고 원고에만 집중하려고 했었기에 나는 무언가 불편했던 것이었다. 계속 피곤했다.

이를 깨닫고 나는 충분히 잠을 자기 시작했다. 하루 종일 잤다. '원고를 못 쓰면 어떡하지?' 하며 또 에고가 나오면 나는 일단 영혼의 목소리에만 집중하려고 최선을 다했다.

한참을 쉬고 나니 다시 원고가 쓰고 싶어졌다. 힘들게 쥐어짜내려고 애를 썼던 시간보다 훨씬 집중도 잘되었다. 주변이 시끄러워도 전혀 거슬리지도 않았다. 오히려 전보다 훨씬 빨리 원고를 마칠 수 있었다. 너무나도 신기했다. 일단 나의 영혼이 즐거우면 무엇이든 척척해낼 수 있는 힘이 주어진다. 내면의 에너지를 충만하게 해주는 것이 가장 우선 되어야만 한다는 큰 깨달음을 얻었다. 머리로만 알고 있었지 내 삶에 적용을 하지 못하고 있었다. 나는 입원생활을 통해 큰 깨달음을 얻게 되었다. 너무나도 감사했다. 항상 나의 행복만을 위해 살 것이다. 지금 이 순간 이 시간은 모두 나를 위한 시간이다. 이 모든 것을 다 누릴 그럴 만한 자격이 충분히 있다.

세상은 언제나 내 마음대로 흘러가지 않는다. 모든 내 생각을 없애고 바람 따라 흘러가듯이 따라간다면 그곳이 다름 아닌 천국이다. 모든 순간을 있는 그대로 수용하고 나를 온전히 세상에 맡겨버리면 된다. 세상을 바꾸기 전에 나의 의식을 변화시켜야 한다.

우리는 살면서 너무나도 의무적으로 살아왔다. '어떤 일은 일어나야 하고 어떤 일은 일어나지 않아야 한다'고 말이다. 그렇게 항상 정답을 만들어놓고 이를 세뇌시키는 주입식 교육을 받아왔다. 그래서 스스로 그 원칙을 만들어놓고 그 틀 안에 자신을 가둬두고 있었다. 그리고는 그 원칙을 지키겠다며 그렇게 발버둥을 쳤던 것이다. 그 틀에 끼워 맞추며 살아가기 위해 고군분투를 했던 것이다. 하지만 지금까지는 그렇게 살아갔다면 과거는 과거일 뿐이다. 이제라도 세상에 존재하지도 않는 자신만의 생각을 버리면 된다.

이 세상에는 세상이 정해놓은 우주의 완벽한 질서만 존재한다. 이 세상에는 원래 정답도 없고 법칙도 없다. 나만의 틀은 원래부터 없었다. 내가 살면서 스스로 만든 것이다. 살면서 자연스럽게 일어나는 모든 현상들은 나를 이로운 곳으로 끌고 가고 있는 우주의 의도임을 알아차려야 한다. 나만의 생각과 틀을 없애지 않으면 삶을 계속 저항하게 된다. 그러면서 많은 에너지가 소모된다. 그래서 무엇을 하든 하는 것도 없이 금세 피곤해지는 것이다. 우주의 완벽한 질서가 존재하고 있다는 것을 알아차리기만 한다면 자연스럽게 세상의 흐름을 존중하고 따라가게 된다. 알고 나면 정말 쉽고 간단하다. 우주는 온전히 나를 항상 이로운 쪽으로 인도하고 있다. 그리고 우주는 언제 내가 그 곳에 도착해야 최적의 시기인지도 잘 알고 있다. 내 입장에서만 보았을 때 모든 것은 완벽하지 않고 불공평하다고 생각될 수 있다. 그 순간에는 충분히 그럴 수 있다. 지금까지 그렇게 인식하며 살아왔기 때문이다.

나는 완벽하지 않은 존재다. 하지만 우주는 완벽하다. 모든 일은 그냥 일어나는 것이 없다. 모든 것이 우주가 이미 결정해놓은 길로 나를 인도하는 것이다. 그저 몸의 힘을 빼고 우주의 안내를 받으면 된다. 온전히 나를 맡기고 따르면 나는 천국에 도착해 있을 것이다. 내가 그토록 원했던 행복한 길로 보내주겠다는데 왜 이를 자꾸 거부하는가. 그만큼 나의 무의식이 이미 부정적으로 장착되었기 때문이다. 우주의 원리만 이해하면 누구나 할 수 있다. 단지 이루어지는 시기를 믿고 기다리는 인내가 필요할 뿐이다.

나는 부자가 되고 싶었다. 단순히 돈을 많이 버는 것이 아니라, 모든 방면에 있어서 풍요와 자유를 누리는 그런 진정한 부자가 되고 싶었다. 세상에는 나보다 먼저 이미 경험하고 배워서 자신의 목표를 이뤄낸 성공한 사람들이 많다. 나는 부자와 돈에 대해 굉장히 부정적이었다. 단순히 부모한테 재산을 쉽게 물려받아서 돈에 대한 자유를 누린 사람들이 한편으로 부러운 마음이 컸을까. 괜히 질투하고 미워했던 것 같다. 나의 상황은 형편없었고 나와는 다른 세계의 사람들이라고만 생각했다.

하지만 진정한 부자는 단순히 돈이 많은 사람이 아니다. 시간적, 경제적, 관계적인 자유를 누리고 있는 사람들이다. 그러기 위해서는 철학, 경제, 문학, 역사 등 모든 방면에서 통달해야 한다.

정말 성공한 사람들은 돈에 대해 사실상 크게 관심은 없다. 그들의 관심은 오직 자신의 재능을 찾는 것이다. 그 재능을 어떻게 세상에 알리고 모든 사람들이 자신의 재능을 어떻게 하면 잘 활용하여 행복해질 수 있을까를 연구한다. 그리고 그 방법을 찾았다면 바로 실행에 옮기는 것이다. 오직 그 목표를 이루기 위해 수단과 방법을 가리지 않고 용기 있게 무엇이든 도전한다. 돈은 그냥 그들이 한 행동에 따른 보상과 결과일 뿐이다.

모든 경제적 흐름을 보면 투자가 먼저고 그 다음이 수익이다. 뿌린 것이 있어야 거두는 것이다. 하지만 뿌리지도 않고 거두려고만 한다는 것은 순리에 어긋나는 행동이다. 달콤한 열매만 따먹으려고 하는 인간의 욕심일 뿐이다. 씨앗이 투자라면 수익은 그 씨앗에서 맺힌 열매가 되는 것이다. 이것이 경제적 법칙이다.

나는 현실을 계속 부정하고 괴로워만 했었다. 나를 위해 투자하는 모든 것을 아까워했다. 아끼고 안 쓰려는 습관이 몸에 배어 있었다. 무엇이든 돈이 나가는 것이면 생각이 많아졌다. 하지만 이 습관을 고치지 않으면 절대 그 이상의 돈을 벌 수 없음을 깨달았다. 무엇이든 나에게 투자하는 데 아끼지 않아야 한다. 나의 가치를 올리기 위해 배워야 하는 것이다.

나는 원고를 쓸 당시 7년 동안 사회생활을 거의 하지 못해 마이너스통장이었다. 하지만 나의 목표가 뚜렷해지자 용기가 생겨났다. 나는 오로지 나의 재능을 찾아 세상을 돕고 싶었다. 현재의 상황을 탓만 하고 합리화시킨다면 더 이상 해결은 나지 않는다. 그 상황이 마음에 들지 않고 벗어나고 싶다면 용기를 내 도전해야 한다. 하고자 하는 마음만 있다면 세상은 언제든 나를 위해 도와준다.

현재 마주하고 있는 상황을 바꾸어서 만족하려고 하면 금방 지치고 힘들다. 어떠한 상황에서도 나의 관점을 바꾸어서 무엇이든 그대로 수용하고 감사할 줄 알면 에너지가 생기기 마련이다. 그리고 모든 것은 순조롭게 흘러간다. 고통 끝, 행복 시작인 것이다.

02

나는 빛과 소금 같은
존재

"당신은 아름답습니다. 저는 당신같이 아름다운 사람과 결혼하고 싶습니다." 요새 SNS에서 나에게 관심이 있다는 메세지를 많이 받는다.

나의 버킷리스트 중 하나는 나와 삶의 목적이 같은 사람과 결혼하는 것이다. 함께 의식성장을 하고 삶을 배우면서 세상을 위해 행복하게 사는 것이다. 나는 상상력의 힘을 믿고 있기 때문에 매일 원하는 것을 심상화하고 있었다. 그래서 나는 내가 열심히 상상해낸 결과가 벌써 나타난 것인 줄 착각하고 있었다.

처음에는 그들이 과거에 겪었던 힘들었던 사연들을 들어주자는 마음으로 대화를 시작했다. 그들은 구글 번역기를 쓰고 있었다. 한국말이 영어색했다. 나는 처음에는 한국말로 하다가 그들의 말을 이해하기가 어려웠다. 영어를 안 써본 지가 오래되긴 했지만 '그래도 대화할 정도는 되겠지.' 하고 영어로 대화하기 시작했다. 생각이 나지 않는 단어는 사전의 힘을 빌렸다. 단지 그들이 그 누구와도 행복하게 살았으면 하는 마음으로 희망의 메시지를 전달하고 싶었다. 그래서 그들이 현재 힘들어하고 있는 부분을 차근차근 들어주었다. 내가 깨달은 것들을 기반으로 그들도 깨달을 수 있도록 최선을 다했다. 하지만 그들은 나와 깊은 관계를 이어가기를 원했다. 사실 나도 그 당시 치료 중이었기 때문에 마음이 조금 약해진 상태였다. 누구보다도 나의 마음을 따뜻하게 감싸주었다. 나의 아픈 몸을 잘 이해해주고 있다고 생각했다. 나를 평생 보살펴줄 것이라는 믿음의 메시지를 주었다. 내가 심리적으로 약해져 있어서 그랬을까. 그 순간 나를 받아줄 사람이 이 사람밖에 없을 거라는 생각이 들었다.

며칠이 지났다. 나는 여러 명과 진지한 관계를 이어 나아가기가 너무나도 힘들었다. 그들과 대화를 나누면 나눌수록 마음이 편하지가 않았다. 명상을 계속하기 시작했다. 나에게 끊임없이 질문을 해보았다. '그래, 말로는 무슨 말도 못하겠어? 하늘에 별도 따준다고 하겠지.', '직접 만나봐야 알 수 있지, 한 번도 안 만나보고 무슨 결혼이야?', '그리고 둘 중에 누구를 택해? 지금은 그놈이 그놈인데….' 둘 중에 선택해야 한다는 생각에 나는 머리가 터질 것만 같았다. 결국 나는 지인의 도움을 청하기로 결정했다. 그 당시 나를 도와주셨던 김 대표님이 운영하시는 카페에 글을 올렸다. 그런 관계는 모두 위험하다는 조언들뿐이었다.

그랬다. 내가 왜 둘 중 하나를 선택해야 했을까. 내가 그들과 결혼을 해야 하는 이유는 없었다. 그 당시 나는 내가 결혼을 하고 싶어 했고 그들만이 나의 상대가 될 것이라는 착각을 하고 있었다.

내가 어떠한 것을 간절히 원한다는 것은 결핍이 있다는 것을 증명하고 있었다. 나는 나를 매우 과소평가하고 있었다. 나의 현재 건강하지 못한 모습의 한계를 받아들이고 이런 나를 받아줄 수 있는 사람은 그들밖에 없다고 판단했던 것이었다.

사랑을 주고 싶다면 내가 나를 사랑해줄 수 있는 사람인지 돌아보아야 한다. 돈도 쥐뿔도 없으면서 빌려주고 싶다고 빚을 내서라도 빌려준다면 나는 결국 파산하게 될 것이다.

내가 항상 행복하고 에너지가 충만해야 한다. 나의 영혼이 언제나 행복을 느낄 수 있도록 해야 하는 것이다. 나는 이제껏 가장 중요한 것을 놓치고 있었다. 그리고 항상 무언가를 바라고만 있었다. 나는 이미 모든 건강을 가지고 있었음에도 불구하고 스스로가 건강하지 않다고 믿고 있었던 것이다. 그리고 그 믿음대로 살아온 것이다. 그렇게 늘 스스로를 과소평가했던 것이다. 아무리 나에게 주어져도 늘 부족함을 느꼈던 것이다. 만족이 되지 않는 것이다. 남들이 봤을 때는 충분한 상태임에도 불구하고 내 생각만 아니라고 하고 있다. 항상 부족함을 느끼는 사람을 그 어떤 금덩어리를 가져다주어도 더 큰 것을 바랄 뿐 만족하지 못한다.

내가 그동안 건강에 그렇게 집착을 했던 이유는 바로 스스로가 항상 부족하다고 생각했던 그 가난한 마음 때문이었던 것이다. 나 자체가 충만하고 부족할 것이 없다면 그 어떠한 것도 바라는 마음이 생기지 않게 된다. 지금 상태로 이미 풍족하기 때문이다. 이미 건강하다고 믿고 살 뿐이다. 이제껏 나의 부족한 내면을 채워주지 못했던 탓이다. 그러니 살면서 한 번도 만족이라는 것을 경험해보지 못한 것이다. 평생을 굶주리고 살았으니 계속 배가 고플 수밖에 없는 것이다.

이 세상에 태어나서 살아가면서 내가 기분 좋은 것만큼 중요한 것은 없다. 지금 내가 어떤 환경에 처해 있고 어디서 무엇을 하든지 상관없이 눈을 감고 내가 원하는 모습을 떠올렸을 때 내가 실제로 그 모습이 되었다고 상상해보아라. 가슴이 뛸 만큼 설레고 기분이 좋아졌다면 진심으로 그 모습은 내 안에 이미 존재하고 있는 것이다. 나에게 이미 있었음을 하나씩 발견해나가는 것이다. 여행도 가본 사람이 여행이 좋은 줄 알고 생각만 해도 설렌다. 레몬도 먹어본 사람만이 신맛인 줄 알기 때문에 생각만으로도 침이 나온다. 내 안에 그 모습이 있기 때문에 내가 그 모습을 상상만으로도 가졌을 때의 기분을 온전히 몸소 느껴볼 수 있는 것이다. 내가 이미 경험했을 때의 느낌을 몸으로가 아닌 의식으로 떠올려 진짜 그 일을 해낸 것처럼 상상해본다면 우주는 내가 실제로 그런 행동을 하고 있다고 생각한다. 내가 기분이 좋은 모습을 떠올리며 우주에게 끊임없이 신호를 보낸다면 우주는 그 신호를 받는다. 그리고 나의 기분을 유지시키기 위해 내가 원하던 상상의 나의 모습을 실제 현실로 나타나게 해주는 것이다. 그러면 그 상상하던 순간이 이미 내 앞에 펼쳐지고 있었다는 것을 발견하게 될 것이다. 이것이 바로 '끌어당김의 법칙'의 원리이다. 나는 이미 내 안에 가지고 있었던 것을 발견만 하면 되는 것이다. 그러기 위해 내가 가지고 있지 않다고 생각했던 그 에고의 생각을 지워야 한다. 과거의 내가 만든 가짜 무의식을 지우는 일과 새롭게 원하는 무의식을 장착시키는 것이 사실상 같은 개념이다. 하지만 내가 현재 갖고 있는 에고의 생각을 없애는 것에 초점을 맞추기보다는 원하는 것을 상상하는 것에 초점을 맞추는 것이 훨씬 쉬울 것이다. 그것이 내 영혼이 원하는 것이기 때문이다. 내가 행복을 느낀다면 영혼이 즐겁다는 신호다. 그것이 상상력의 힘이다. 나는 이미 모든 풍요를 가지고 있다는 것을 믿고 계속 그 기분 좋은 느낌을 유지하는 것이다. 매 순간 행복한 기분을 느끼며 그 행복한 순간을 무의식에서 떠올리면 된다.

　나는 치료기간이 길어지면서 '나의 육신은 과연 이 세상에 아무런 쓸모가 없는 존재일까.', '이렇게 세상의 도움만 받으며 숨만 쉬다가 가는 것이 다일까.'라고 의문을 갖기 시작했다. 하지만 나는 지금 현재의 나의 모습은 단지 결과로 가는 과정에 잠시 머물러 있을 뿐이라는 것을 깨달았다. 나의 몸은 결국에는 건강해질 것이고 이를 믿기 시작한 이후, 이 육신이 이 세상을 떠나기 전까지 세상에 필요한 존재로 쓰이고 싶었다. 그리고 며칠 전 내가 이 세상에 태어난 이유를 깨닫게 되었다. 사람은 두 번의 중요한 순간이 있다고 한다. 한번은 이 세상에 태어났을 때, 또 한 번은 내가 이 세상에 태어난 이유를 알았을 때다. 나에게도 그 두 번째 순간이 찾아왔다.

우리가 겪고 있는 모든 순간이 우주에 하나의 점들로 남게 된다. 이 점들이 먼 훗날에 모두 연결이 되어 나의 인생의 모양이 완성되어 하나의 작품으로 탄생하게 되는 것이다. 그렇다면 지금 이 순간에도 일어나는 현상이 먼 훗날 나의 미래의 모습이 되기 위한 하나의 소중한 점으로 기록될 것이다. 내가 지금 겪고 있는 모든 상황들은 왜 일어날까. 지금 일어나고 있는 현상에는 다 이유가 있다. 내 인생퍼즐의 한 조각에 해당되는 시점이 바로 지금인 것이다. 그 어떤 조각 하나라도 잃어버려서는 퍼즐을 완성시킬 수 없듯이 지금 내 앞에 실제 일어나고 있는 현실도 내 전체의 삶에 중요한 퍼즐 한 조각이 될 것이다. 우주는 나에게 항상 선물을 주고 있지만 내 의식이 깨어 있지 않으면 선물이 눈앞에 있음에도 발견하지 못한다. 문제를 마주했을 때 문제를 문제로 보지 않고 내가 문제보다 더 커지려고 노력한다면 문제는 나보다 작아진다. 그러면 더 이상 나에게는 문제가 문제로 존재하지 않게 된다. 내가 문제보다 훨씬 커졌기 때문에 충분히 그 작아진 문제를 해결할 수 있는 지혜가 생긴 것이다.

우주도 나와 마찬가지로 내가 원하는 것을 이 세상에서 이루고 살아가기를 바라고 있다. 나의 실행력과 지혜만 있다면 우주와 나는 하나이기 때문에 목표가 일치한다.

나는 지금 남들이 흔하게 겪지 않는 일을 겪고 있다. 내가 남들 대신 겪고 있는 나만의 상황 속에서 배우고 깨닫는 중이다. 나의 경험담을 통해 내가 깨달은 지혜를 누군가에게 전달해줄 수 있게 되었다. 사람들은 나로부터 희망을 얻고 그들이 성장하는 데 큰 도움을 받게 되는 것이다. 그것이 바로 내가 세상에게 나눠줄 수 있는 선한 영향력이 될 것이다.

나는 그동안 내가 힘들 때마다 책이나 유튜브를 통해 나보다 더 어려운 상황을 겪고 이를 딛고 일어난 사람들로부터 많은 동기부여를 받았다. 그들의 지혜와 의식을 본받고 용기를 얻어 행동력을 키울 수 있었다. 그렇다면 이제 나도 누군가에게 충분히 그런 사람이 될 수 있는 것이다. 영원하지 않은 이 육신이 없어지더라도 자신의 지혜와 삶의 내용을 책으로 남기고 간 조상님들 덕분에 후손들이 이렇게 혜택을 보고 있는 것이다. 책은 정말 위대한 것이다. 나의 의식을 이 세상에 영원히 남길 수 있는 좋은 수단이다. 누군가는 내가 깨달은 삶의 지혜를 통해 언제라도 덕을 볼 수 있게 되는 것이다.

지금까지 나는 세상으로부터 받는 입장이었다면, 이제는 나도 무엇이든 나를 세상에 내어줄 수 있는 생산자의 관점으로 바꾸고자 한다. 책을 읽는 독자가 아닌 나의 생각을 내놓을 수 있는 작가로, 물건을 사는 사람이 아닌 판매하는 사람의 관점으로 바꾸어서 행동하기로 다짐했다. 그러니 마음자세가 서서히 달라지기 시작했다. 매일 매일 가슴이 설레고 행복하다.

세상에 모든 만물은 모든 것을 이롭게 하려고 태어났다. 그게 바로 각자의 존재 이유다. 그래서 그 존재로서의 역할을 다했을 때 행복을 느끼게 되는 것이다. 우리는 이미 하나의 에너지로 이루어져 있다. 그래서 인간은 혼자살 수 없다. 나를 위한 것이 곧 세상을 위한 것이다. 또 세상을 위한 것이 곧 나를 위한 것이다. 그렇다면 살면서 부딪히는 모든 상황과 경험을 통해 미숙한 나의 모습을 하나씩 성장시켜나가야 한다. 그렇게 완성된 나의 모습이 결국 이 세상에 없어서는 안 될 꼭 필요한 존재가 되는 것이다. 반드시 빛과 소금 같은 존재로 빛을 발하게 될 테니까 말이다. 우리는 애초부터 그렇게 이롭게 살아가야 할 존재였던 것이다.

03

시련은 잠시 스쳐가는
소나기일 뿐

"살려주세요. 아니면 죽여주세요. 나를 죽이든지 살리든지 둘 중 하나만 해주세요. 너무 아파요… 죽을 것만 같아요…."

밥만 먹으면 배가 찢어질 듯 아프다. 위장이 다 망가졌는지 밥을 먹을 수가 없다. 하루 종일 방바닥을 뒹군다. 눈물, 콧물이 범벅이 되어 있다. 이리 구르고 저리 굴러 보아도 나아질 생각을 하지 않는다. 배를 문지르고 누르고 어루만져 4시간쯤 지났을까. 조금 잠잠해졌다. 벌써 2주째 통증이 가시지 않는다.

잠을 자는데 쉴 새 없이 기침이 나온다. 목구멍에 가득 찬 진득한 가래들은 나오지도 넘어가지도 않은 채 나의 숨구멍을 막고 있다. 한 호흡, 한 호흡이 너무나도 소중하다. 그냥 이렇게 사느니 죽고 싶었다. '죽어버리면 적어도 고통이 느껴지지는 않겠지.'

몸은 30kg 가까이 불어 있었다. 바퀴벌레가 뒤집혀서 스스로 일어나지 못하는 상황을 충분히 이해할 것 같다. 잠을 자고 몸을 일으켜야 하는데 몸이 말을 듣지 않는다. 다리가 부어서 구부러지지 않는다. 무릎 뼈가 보이지 않는다. 배는 더 이상 부풀다가는 터져버릴 것만 같았다. 숨이 가쁘다. 임신을 하면 이런 느낌일까.

너무나도 괴로우니 마음이 약해진다. 극단적인 생각들로 머릿속을 지배하기 시작한다.

'왜 이렇게 나만 힘들어야 돼?', '도대체 내가 전생이 무슨 죄를 크게 지었길래…', '저 사람들은 저렇게 행복한데 내 인생은 왜 이렇게 꼬인 거야!'

몸이 내 마음대로 말을 듣지 않는 것이 너무나도 괴로웠다. 그동안 분명히 몸은 힘들다고 나에게 신호를 보냈을 텐데…. 내가 내 몸을 얼마나 돌보지 않았으면 이렇게 멀리까지 와버렸을까.

우리는 살면서 누구나 고난과 시련을 겪게 된다. 하지만 지금 우리 앞에 실제 일어난 모든 상황은 단지 명목상 만들어진 상황일 뿐이다. 착시

효과와 비슷하다. 육안으로 보이는 것에만 편파적으로 현혹되지 말아야 한다.

인간이 완벽한 존재로 태어났다면 살아가면서 얻는 것이 있을까. 처음부터 모든 것을 다 갖추고 태어났다면 태어난 의미가 없지 않을까.

인간은 미완성이다. 의식이 부족하다. 어딘가 불편하다. 어딘가에서 통증을 느낀다. 이러한 것들은 모두 살아있다는 증거이다. 인간은 스스로 이를 극복하면서 깨닫고 배우게 되는 것이다. 배우면서 성장하게 되는 것이다. 고통을 고통으로만 느끼게 되면 우리는 더 이상 성장할 수 없다. 이 고통에 대한 원망과 불만만 토로하게 된다. 우리는 살아가면서 자신의 의식을 스스로 성장시켜야 한다.

병은 몸의 문제가 아닌 의식 문제이다. 지금 통증이나 질병으로 고통을 겪고 있는가? 그렇다면 현재 눈에 보이고 느껴지는 그 질병에 집중해서는 안 된다. 현재 몸으로 느껴지는 것은 잠시 지나가는 순간적인 현상일 뿐이다. '이를 통해서 세상이 나에게 원하는 것이 무엇일까'를 깊이 생각해보아야 한다. 나의 내면 깊숙한 곳에 숨어 있는 무의식에서 무언가를 소리치고 있는 것이다. 그런 나의 신호를 주의 깊게 들어보아야 한다.

병을 치료하는 것에만 목적을 두어서는 안 된다. 분명 어떠한 결과를 초래한 원인이 있기 마련이다. 나의 몸에서 어떠한 증상을 드러내고 있다는 것은 내 안에 무엇인가 잘못 진행되고 있다는 뜻이다. 현재 나타나는 몸의 증상은 어떠한 잘못된 원인의 결과일 뿐이다. 몸은 절대 거짓말을 하지 않는다. 나의 어떤 잘못된 습관이나 내면 깊숙한 무의식에서 무엇이 잘못되었는가를 잘 살펴보아야 한다. 그러기 위해서는 나를 잘 돌아볼 필요가 있다. 나와 친해져야 한다. 계속적으로 같은 질병이 반복되고 있다면 분명 내 안의 자아가 반복적으로 무엇인가 잘못되고 있다는 것을 알려주고 있는 것이다. 이를 빨리 알아차릴 수만 있다면 모든 병은 해결될 수 있다. 이 육신은 단순한 껍데기일 뿐이다. 보이지 않는 나의 의식을 바라볼 줄 알아야 한다.

나는 서울에 혼자 살다가 갑자기 건강이 안 좋아져 다시 부모님과 함께 살게 되었다. 당시에 하고 있었던 모든 일을 다 포기하고 부모님 고향에 내려오게 된 것이다. 그렇게 시골생활을 하며 요양만 하게 된 지도 벌써 7년이라는 세월이 흘렀다. 어떻게 보면 긴 세월이지만 내 인생 전체를 놓고 보았을 때는 너무나도 짧은 시간이다. 내가 앞으로 평생을 살아가면서 행복해질 수 있는 비법을 배울 수 있는 시간이라면 7년이 아닌 50년을 투자해도 아깝지가 않다.

각자의 삶에서 내 앞에 펼쳐진 모든 상황과 조건에는 세상의 선한 의도가 숨겨져 있음을 알게 되었다. 질병이라는 조건을 통해 명상을 만날 수 있었다. 이를 통해 크나큰 깨달음과 삶의 교훈을 선물로 받게 된 것이다. 세상이 나에게 주려고 했던 것은 단순한 질병이 아니었음을 깨달았다. 과거에는 절대 누릴 수 없었던 기쁨을 매 순간 느낄 수 있게 되었다. 만약 아프지 않았더라면 지금까지도 아마 혼자 외롭고 고통스럽게 살고 있을지도 모른다. 내가 치유하며 겪어냈던 통증과는 비교할 수 없을 만큼 말이다. 상대를 이기기 위해 서로 경쟁하고 비교하며 전쟁 같은 하루하루를 살아가는 과거의 나를 잠시나마 상상해본다. 끔찍하다. 내가 누구인지, 왜 돈을 벌어야 하는지도 모른 채 의식 없는 삶을 살아갔다. 그저 먹고 살기 위해 돈을 버는 것이 의무가 되어버렸고 남들이 버니까 벌어야 하는 줄로만 착각하며 살아왔다. 명상은 그저 돈 있고 여유 있는 사람들이나 하는 것이라고 치부했다. 지금 당장 오늘을 살아내기에 급급했던 나와는 아무 상관없는 얘기라고 생각했다.

　삶의 목적을 깨닫지 못하고 평생을 세상과 싸우며 고통스럽게 산다면 그것이 무슨 뜻과 의미가 있을까. 우리는 모두 행복해져야 할 의무가 있다. 이제 나에게 잠깐의 아픔은 더 이상 두렵지 않다. 그 아픔을 통해 내가 배우고 성장했다면 더 이상 그것은 아픔이 아닌 선물이라는 것을 이미 알아버렸기 때문이다.

　모든 상황들은 나를 좋은 곳을 이끌어주기 위해 상황을 구현해내는 우주의 선한 의도인 것이다. 그렇다면 어떤 상황이 닥치든 간에 내가 그 상황 안에서 우주의 의도를 빨리 찾아내어야 한다. 이로부터 깨달음을 얻고 성장해나가야 한다.

어차피 지금 벌어진 일은 이미 엎질러졌다. 미래의 내가 지금 이 순간을 돌아본다면 단순한 하나의 과거의 현상, 추억의 사진으로만 남을 뿐이다. 그 현상의 껍질을 벗겨내어 안에 숨어 있는 보석을 발견해내야 한다. 예를 들어, 내가 사기를 당해 엄청난 빚쟁이가 되었다고 가정해보자. 이 상황이 나에게 닥쳤을 때, 그 단순히 보이는 현상에만 현혹되어 인간의 허인 감정에 이끌리게 되면 심각하고 큰 고난과 역경에 빠졌다고 생각이 될 것이다.

세상이 무너질 것만 같을 것이다. 하지만 그 안의 보물은 곧 우주가 나를 성장시키기 위한 하나의 과제임을 명심해야 하는 것이다. 내가 이 과제를 잘 수행하여 지혜롭게 풀어나간다면 이 상황에서 큰 깨달음을 얻고 앞으로 한 발짝 또 성장해 나아가게 되는 것이다. 그 보석을 발견한 자에게만 이를 누릴 수 있는 자격이 있는 것이다.

100억의 빚을 지고도 이를 통해 교훈을 얻고 즐겁게 사는 사람이 있다. 반면, 아무런 빚이 없어도 세상으로부터 배우지 못하고 스스로 불행하다고 하며 사는 사람이 있다.

인간은 태어나서 경험을 통해 깨닫고 성장한다. 그리고 영원히 자신의 의식을 남기고 육신이 떠나가게 된다.

위장은 맵고 짠 것을 싫어한다. 그렇다고 해서 '나는 맵고 짠 게 맛있는데 위장은 왜 싫어하는 거야!'라며 투정 부릴 것인가. 아니면 위장이 좋아하는 음식을 먹어줄 것인가. 어떤 것이 나의 행복을 위해 지혜로운 것인지 스스로 판단해보아야 한다.

세상이 만들어놓은 법칙이 있다. 그 우주의 법칙은 곧 우리를 이로운 곳으로 인도하는 길이다. 법칙을 믿고 따르면 나와 우주가 합일이 되어 모두가 행복한 세상이 된다. 이를 저항하면 할수록 고통은 커져만 간다.

갓난아기가 태어나서 처음 뒤집기를 성공할 때 얼마나 힘겨워 보이던가. 자신의 몸을 뒤집는 단순한 동작이 아기의 입장에서는 세상에서 가장 큰 고난일 수 있다. 하지만 성인이 된 지금 모두 그때 그 시절이 기억이 나는가.

그 순간 우리는 모두 뒤집기를 힘들게 성공했다. 그리고 앞으로 나아갔다. 걷기 시작한다. 그리고 머지않아 뛸 수도 있게 된다. 그 순간 아무리 힘들어도 세월이 지나가면 이미 성장되어 있다. 그리고 그 순간의 아픔은 모두 잊히기 마련이다.

무엇이든 처음 겪는 일은 힘이 들 수 있다. 세상은 그 경험을 통해 우리에게 많은 가르침을 주고 있다. 이를 힘들다고 포기만 하지 않는다면 아픔은 잠시 스쳐갈 뿐이다. 모든 상황을 잘 수용하여 배우는 자세로 임해야 하는 것이다.

이 우주는 이유 불문하고 모든 사람들에게 선한 영향력을 끼치고 있다. 항상 이롭게 하기 위한 선한 의도로 우리에게 다가온다. 이것은 진리이다. 그 순간의 보이는 상황에 속지 말고 재빨리 인간의 육안으로는 보이지 않는 우주의 본뜻을 알아차려야 한다.

04

시련은 하늘이 준
선물

인생에 정답이 없듯이 운동, 음식 모든 것에는 정답이 없다. 하지만 사람들은 무언가에 정의를 내리는 것을 좋아한다.

다이어트엔 뭐가 좋고 근육 발달에는 무엇이 좋다는 등 사람마다 말이 다 다르다. 각자의 생각과 느낀 경험이 다르기 때문이다. 아무리 누가 좋다고 운동을 추천해도 나에게 적용해보면 맞지 않을 수도 있는 것이다. 그러므로 이것저것 시도해보고 내가 매일 평생 동안 할 수 있는 것을 선택해야 꾸준하게 오래도록 지속할 수 있다. 운동의 종류가 중요한 것이 아니라 내가 매일 평생 할 수 있는가가 가장 중요하다.

요가는 내가 사회생활을 시작하고 처음 접해본 운동이다. 사실 요가는 인도가 본거지이고, 운동이 아니다. 요가는 모든 것을 뜻한다. 그 안에 '아사나'라는 동작이 눈에 띄기 때문에 다이어트에 좋은 운동이라고 생각하기가 쉽다. 우리의 몸을 쓸 수 있는 측면에서만 보았을 때는 하나의 좋은 운동이 될 수도 있다. 나에게도 가장 쉽게 접근할 수 있었던 훌륭한 운동이었기 때문이다.

요가는 정적인 운동으로 혼자만의 시간을 갖고 호흡에 집중하며 오로지 나의 내면을 들여다보는 명상의 효과도 있다. 몸을 움직이면서 하는 명상이라고 생각하면 쉽다. 이런 면이 나에겐 아주 매력적으로 다가왔다. 그래서 나는 벌써 15년 넘게 혼자 요가를 수련하고 있다. 매일 새벽에 하는 요가는 습관처럼 자리 잡았다.

예전에는 멋있는 동작을 완성하는 데만 목적을 두었다. 그 때문에 어려운 동작을 될 때까지 시도하다가 목 디스크에 걸리기도 했다. 요가는 마음과 몸을 일치시켜야 한다. 하지만 몸은 아직 준비가 안 되었는데 마음만 급해서 빨리 동작을 완성하고자 욕심을 부린다면 언제든지 과유불급의 결과가 초래된다. 빨리 얻는 것은 반드시 빨리 잃게 되어 있다.

하루아침에 이루려고 하는 것은 모든 순리에 어긋난다. 몸이 서서히 적응해나가는 충분한 시간이 필요하다. 그러기 위해서는 매일매일 조금

씩이라도 꾸준히 하는 것이 가장 안전하고 효율적이다. 포기하고 멈추지만 않는다면 토끼보다 승리 확률이 높은 거북이가 될 수 있다. 아무리 빨리 간다고 해도 중간에 크게 사고가 날 수도 있다. 그러면 끝까지 완주하는 데 있어 오히려 느린 거북이보다 빨리 지치거나 중간에 포기하기 쉽다.

건강을 위해 시작한 요가가 내 몸을 오히려 망치고 있다는 생각에 내가 왜 이걸 하고 있는지 의문이 들었다. 새벽에 일어나 공복에 수련해야 동작이 가볍고 잘되며 몸이 정화된다고 해서 아침까지 굶어가며 요가에 미쳐 있었다. 그런데 점점 영양도 불균형해지고, 근육을 과하게 잘못 사용하다 보니 몸 건강은 내가 의도하지 않은 방향으로 흘러갔다.

정확하게 알고 적당히 나를 돌아보며 제대로 수련해야 하는데, 준비되지 않은 상태에서 막무가내로 내 몸을 학대한 것이다. 타인과 경쟁하는 운동선수가 될 것도 아니면서 누가 더 잘하나 대회에 나갈 듯이 그렇게 연습해온 것이다.

그래도 동작이 완성되었을 때는 하나의 깨달음이 있었다. 무엇이든 시도하고 연습만 한다면 안 되는 것은 없구나. 아무리 몸이 뻣뻣한 사람일지라도 매일의 수련이 무한한 가능성을 만들어준다는 사실을 명백하게 알 수 있었다. 비록 몸이 망가지기는 했어도 큰 깨달음과 자신감과 성취감을 얻으며 무엇에든 도전하는 힘이 생겼다.

이제는 더 이상 무리해서 요가를 하지 않는다. 몸이 준비되어 있지 않을 때는 충분히 기다려준다. 그렇게 나의 몸 상태와 호흡에 맞추어 오직 내 안의 에너지와 연결하며 수련한다. 항상 처음에 실수하면 그 안 좋은 기억이 우리에게 두려움으로 자리 잡게 된다. 그 두려움의 기억으로 더 이상의 다른 시도를 하지 못하게 되는 것이다. 아무리 같은 행동이더라도 언제 어떻게 하느냐에 따라 결과는 다르게 나타날 수 있다. 하지만 과거의 기억을 너무 믿어버려서, 또 같은 결과를 초래할까 봐 시도조차 하지 않는 것은 정말 지혜롭지 못하다.

나는 요가를 하며 수많은 부상을 입었다. 지금은 다른 질병으로 몸이 부어 있어 아예 동작을 할 수조차도 없다. 요가의 정의도 모른 채 무작정 동작만 따라 하다가 몸이 아프기 시작한 것이다. 처음에 나는 나를 아프게 한 원인이 요가라고 생각했다. 그 동작과 사건들이 나를 두렵게 만들었고 고통을 가져다주었기 때문이다.

하지만 요가 자체는 아무 잘못이 없다. 내가 요가를 잘못 활용했음을 인지하고 다시 올바르게 사용하는 유용한 활용법을 배웠다. 요가는 인간의 신체구조에 적합하게 구성된 아주 훌륭한 동작들로 건강을 유지할 수 있게 해준다. 다만 자신의 욕심으로 인해 과하게 시도하지 않았는지 체크해보아야 한다. 정확하고 올바른 방법을 찾아서 내 몸에 맞춰서 하는 것이 가장 중요하다.

음식도 특정 음식을 먹었을 때 체하거나 속이 더부룩했던 기억이 있다면 그 음식을 탓하기보다 자신을 돌아보아야 한다. 내가 급하게 먹었는지, 상한 것을 먹었는지, 먹었을 때 기분이 언짢았는지, 혹은 과하게 먹었는지를 돌아보아야 한다.

그 음식이 나와 맞지 않는다고 거부하기보다 내 몸에 적응시킬 수 있는 시간을 갖고 천천히 무엇이든 알맞게 활용해야 한다. 그러면 이 세상에 존재하는 모든 것들은 쓸모없는 것이 없다. 모든 것은 세상에 이롭게 쓰이기 위해 탄생한 것이기 때문이다. 다 나의 잘못된 편견과 판단, 부정적인 생각들이 모든 것을 가로막고 있는 셈이다.

어떠한 사건이나 인물이 나에게 시련과 고통을 준다고 느낄 때는 반드시 이유가 있다. 우리는 이 지구상에 배우고 깨닫기 위해 태어났다. 우주가 어떠한 상황과 조건을 우리에게 주면 이를 통해서 우리는 끊임없이 배움을 이어 나간다. 배움과 깨달음 속에서 행복을 느낀다.

우주는 항상 나를 이로운 곳으로 인도한다. 하지만 모든 사건과 상황, 인물이 나에게 고통스럽게 느껴질 수 있다. 그러면 이를 통해서 내가 배울 수 있는 것이 무엇인지 끊임없이 질문을 던져보아야 한다. 우주가 어떤 특정한 사건이나 인물을 통해 나에게 큰 깨달음을 주려고 하는 의도이기 때문이다.

그 상황에서 내가 무언가를 깨닫고 배우게 된다면 나는 또 한 걸음 성장해 있을 것이다. 결국, 그 모든 상황은 나에게 큰 선물이 될 것이다. 나에게 큰 가르침을 주신 감사한 스승이 될 것이다. 무엇이든 고난과 시련이 닥쳤을 때 그 일을 피할 수 있는 가장 빠른 방법은 딱 하나다. 그 상황을 통해 내가 배울 수 있는 것이 무엇인지, 빨리 깨닫고 깨우치는 것이다. 그러면 다시는 똑같은 상황이 반복되지 않을 것이다. 더 이상 똑같은 상황이 내 앞에서 일어나지 않을 것이다.

나도 한때는 아버지를 원망하고 미워하곤 했다. 가난한 가정에서 자란 아버지가 살아오신 배경이 너무나도 싫었다. 또한, 가장 낮은 에너지인 두려움을 가지고 계셨기 때문에 어떠한 특정한 사건이 일어나면 두려움을 화로 분출해버리시곤 했다. 그런 아버지의 모든 행동은 나에게 큰 상처로 남게 되었다.

나는 내가 몸이 아프게 된 것도 아버지 때문이라고 생각하기 시작했다. 원망도 해보고 미워도 해보았다. 하지만 그렇게 세상을 부정적인 시각으로 바라보기 시작하면서 내 몸은 점점 더 아팠다. 악순환은 끝도 없이 이어졌다.

다른 사람도 아닌 가장 가까이에 있는 내 가족을 미워하고 있는 나 자신이 너무나 싫었다. 숨통이 막혀버릴 정도로 답답하고 소통이 전혀 되지 않았다. 피해의식이 강하게 자리 잡고 있는 아버지는 자신보다 위치가 낮은 사람이 말하면 자신을 가르치고 무시한다고 생각하셨다.

물론 아버지가 자라온 환경에서 나도 똑같이 자랐다면 나 역시도 그렇게 행동했을 것이다. 누구나 그 사람의 입장이 되어보면 똑같은 행동을 하게 마련이다. 인간의 행동에는 원인이 있고 그 원인으로 인해 지금의 행동이 결과로 나타난 것이기 때문이다.

이 세상 존재하고 있는 만물은 모두 우리에게 가르침을 준다. 즉, 배울 점이 하나라도 있다는 말이다.

우리는 매일 즐겁게 각자의 소중한 삶을 창조해야 한다. 다른 사람들을 비판만 하지 말고 내가 그들로부터 무엇을 배울 수 있을지 생각해보아야 한다. 그들을 비판할 시간에 내가 배울 점을 찾는 것이 내 발전과 성장을 위한 시간을 아끼는 방법이다. 타인의 삶과 나의 삶을 비교하지 말고 스스로 공부해서 내가 발전할 수 있는 길을 개척해나가야 한다. 사람 각자의 장점에서 배울 점이 무엇인지 고민해보아야 한다.

삶에서 자유로워지고 싶다면 스스로를 정의해서는 안 된다. '나는 어떤 사람이다.'라는 정의는 우주에는 없다. '나'는 그냥 '나'일 뿐이다. 그러므로 있는 그대로의 나를 수용할 줄 알아야 한다. 무엇이든 비관적으로 보지 말아야 한다. 대신 있는 그대로 수용하고 배우는 자세로 마음을 열어둔다면 진정으로 나를 사랑할 줄 알게 된다.

나를 먼저 사랑해야 한다. 그러면 자유로워질 수 있다. 스스로 강박을 만들지 말고, 인생의 정답을 만들지 말고 각자의 인생을 창조해나가야 한다.

무엇이든 급하고 탐욕스럽게 하지 말고 건강하게 천천히 해나가자. 당장 내일 이루려고 급하게 서둘면 무엇이든 이룰 수 없게 된다. 그러니 우리는 언젠가 이루어진다고 확신하며, 포기하지 않고 감사하며 그 순간을 즐기며 살아가면 된다. 그러면 그 꿈은 모두 이루어져 있을 것이다. 믿고 감사하며 행하라. 그러면 이루어질 것이다.

05

나무가 알려준
인생법칙

당신은 어제 점심식사를 할 때의 마음과 지금 책을 읽기 전의 마음이 같다고 생각하는가? 보통 사람들은 항상 자기만의 마음을 가지고 산다. 여기서 마음이란 초초마다 생겨나는 각자의 생각과 감정들을 모두 포함하고 있다.

주변 환경이나 사람들, 나를 자극시키는 어떠한 원인들로 인해 나의 마음이 셀 수 없이 바쁘게 움직인다. 우리가 잠들기 직전에 오늘 하루만 잠깐 돌아보아도 내가 하루 동안 얼마나 많은 생각과 감정들이 요동을 치며 살았는지를 쉽게 느낄 수 있을 것이다.

나는 특히나 다른 사람보다 생각이 많고 감정의 기복이 심했던 사람이다. 언제나 하루를 보내고 집에 돌아오면 녹초가 되어 있었다. 일이 힘든 것이 아니라 하나하나의 사건들과 나의 마음이 부딪혀 생겨난 나의 생각들로 뒤덮여 그 생각들의 노예로 살아갔기 때문이다.

아침에 눈을 뜨면, 몸이 뻐근하다. 요가를 하고는 싶다. 그런데 몸이 무겁다.

'오늘은 집에서 할까?', '아니지 돈을 냈는데 수련원에 가서 해야지.' 고민에 빠진다. 한참을 생각하고 난 후, 안 하면 더 후회할 것을 알기에 무거운 몸을 이끌고 아침까지 굶어가며 수련원으로 나선다. 지하철을 탔다.

그 새벽에도 사람이 개미떼처럼 몰려든다. 사람들 속에서 샌드위치가 되어 내 얼굴이 키 큰 양복 입은 아저씨 겨드랑이에 파묻혔다. 후각에 예민한 나는 숨을 참고 한참을 간다. 머리가 아프기 시작한다. 아저씨를 강하게 밀어내며 저항하기 시작하면서부터이다.

앞에서 어떤 여자는 말한다. "아, 진짜! 밀지 마시라니깐요. 짜증나 죽겠네." 부정적인 언행들이 나를 괴롭힌다. 듣기 싫었다. 이 전쟁 같은 세상이 너무나도 괴롭고 힘들다. 아침부터 기분이 더럽다. 하지만 수련원에 도착하니 마음이 정화되는 느낌이다. 이것도 한순간이다. 약발이 몇 시간 안 간다. 오로지 현재에 집중하면서 살아갈 수가 없었다.

점심으로 먹을 것이 떨어져서 마트에 간다. 가격을 하나씩 따지기 시작한다. 무엇을 살지 한참을 고민하고 물건을 들었다가 놨다가 수십 번을 반복한다. 결국 힘들게 고른 바나나 한 송이를 샀다. 마트에 나오자마자 바로 앞에 500원이 더 저렴한 바나나를 팔고 있었다. 나는 다시 마트에 들어가 환불을 한다. 결국 30분이 넘게 걸려 바나나 한 송이를 구매했다. 몸은 녹초가 되었다.

이제 수업준비를 하려고 하는데 회원님이 당일 취소를 하고 안 나오셨다. 이때 당시 나는 필라테스 강사를 하고 있었다. 1대1 수업으로 진행이 되고 있었기에 스케줄 관리를 잘 해야 시간을 효율적으로 사용할 수 있다. 나는 퇴근을 조금 더 빨리 하고 싶은 마음에 마지막수업으로 예약된 회원님께 취소된 시간으로 앞당겨 오기를 바랐다. 하지만 회사 퇴근 시간이 늦어져서 일찍 올 수 없다고 하신다. 나의 계획은 실패로 돌아갔다.

결국 10시가 다 돼서야 퇴근을 하고 집으로 나선다. 하루 종일 불편했던 나의 마음을 달래기 위해 이것저것 주전부리를 사서 어두컴컴한 나의 원룸 집으로 향했다. 허한 마음을 먹을 것으로 채우려고 한 것일까. 먹을 때만큼 마음이 편안하고 달콤한 휴식을 취하는 것 같았다. 졸린 눈을 참아가며 1시간이 넘게 먹다가 지쳐서 잠이 든다.

나의 과거 일과를 보니 어떤가. 듣기만 해도 머리가 아프지 않은가. 이것은 아주 지극히 평범한 나의 하루 중 일부일 뿐이다. 정말 아무것도 아닌 일에 감정이 왔다 갔다, 울었다가 웃었다가 요동을 치며 살아갔다.

나의 과거를 회상해보면 몸이 안 아프면 오히려 이상할 정도였다. 하루에도 수십 번 마음은 바쁘게 움직였다. 인터넷으로 물건 하나를 사더라도 일주일씩 고민을 했다. 생각이 생각의 꼬리를 물고 늘어졌다. 생각은 한 번 나오기 시작하면 걷잡을 수 없이 늪에 빠져들었다. 나는 그 생각의 노예가 되어 하루를 살고, 한 달을 살고, 나의 일생을 그렇게 살아왔다. 그래서 나는 남들 보다 쉽게 몸이 지치고 피곤함을 느꼈다.

내가 건강이 악화되고 난 후, 자연치유를 하며 명상을 시작했다. 등산을 하고 주변에 산과 들, 푸르른 자연들과 함께 많은 시간들을 보냈다. 드디어 삶의 여유를 찾기 시작했다. 두려움이 많았던 나는 현재에 만족하지 못했고, 항상 미래를 계획하며 살아왔다. 나의 뇌 속에는 일어나지도 않은 미래의 사건들로 가득 차 있었다. 한 달 뒤, 일 년 뒤, 꼼꼼하게 하루하루를 계획하며 완벽한 하루를 만들려고 애를 썼다. 그러다 보니 지금 내 앞에 있는 선물들은 선물로 보이지 않았다. 지금 즐길 수 있는 것들을 즐기지 못했다. 오로지 그저 내일 어떻게 하면 잘 살까만 걱정하면 살아갔다.

그러던 어느 날, 매일 운동을 가면서 지나쳤던 소나무가 오늘따라 눈에 띄었다. 나는 그 소나무를 자세히 바라보기 시작했다. 생각해보니 아무 생각 없이 지나쳤을 수도 있었던 그 소나무는 항상 그 자리를 지키고 있었던 것이었다. 그런 소나무가 신기했다. 비가 오든 눈이 오든 바람이 불든, 그저 말없이 묵묵하게 자신의 자리를 지키고 있는 소나무를 보며 나는 잠시 나를 돌아보았다.

나는 방금 점심식사를 할 때만 해도 '맛이 있네.', '맛이 없네.' '짜네.', '싱겁네.' 하며 말이 많았고 내 마음에 들지 않으면 짜증을 부렸다. 그 후, 기분이 좋지 않다가도 누군가가 나에게 칭찬 한마디를 해주면 그저 좋아서 어쩔 줄을 몰라 했다. 집이 떠나가듯 입이 귀에 걸려 깔깔거리면서 웃는다. 한마디로 내가 봐도 나는 너무 시끄러웠다.

극도로 기쁜 감정과 극도로 슬픈 감정은 우리 몸에 큰 스트레스를 가져다준다. 나는 항상 극과 극을 달려왔기에 몸이 이겨낼 수가 없었던 모양이다.

반면, 소나무는 뿌리도 깊이 박혀 있어 몇백 년이 넘게 계속 그 자리를 유지하고 있을 수 있는 것이었다. 너무나도 존경스러웠다. 내가 성질이 나서 그 소나무를 발로 찬다고 해도 아무런 반응 없이 그저 내가 살아가는데 숨을 쉴 수 있도록 충분한 산소를 공급해주고 있었다. 내가 밉다고 산소를 조금 덜 주거나 주지 않으려고 하지 않고 늘 같은 마음으로 나를 대했다. 나의 행동에 아무런 영향을 받지 않고 묵묵하게 자신의 자리를 지키며 오로지 세상을 이롭게 하고 충만한 사랑을 내어주고 있었다. 나는 너무나도 창피했다. 내가 지금 여기 존재할 수 있었던 이유는 바로 이 세상 덕이었다. 그것도 알아차리지 못하고 세상이 나를 힘들게만 한다고 투정을 부리고 살아왔다. 내가 기뻐하든 슬퍼하든 화를 내든 나의 감정에 아무런 관심이 없었다. 소나무뿐만 아니라 모든 세상 만물은 조건 없는 사랑으로 나를 이로운 곳으로 이끌어주고 있었다. 그러기 위해 오직 자기 할 일에만 몰두하며 최선을 다하고 있었다.

나는 나무로부터 받은 사랑을 이제 더 이상 받고만 있을 수 없었다. 나도 나무와 같은 사람이 되고 싶었다. 세상이 나를 어떻게 보든지 아무런 영향을 받지 않고 나는 그저 내가 받았던 사랑을 아무런 조건 없이 세상에게 다시 내어주고 싶었다. 무조건적인 사랑이 바로 우주와 내가 하나 되는 마음, 하나님 마음인 것이다. 우주에는 그저 아무 마음 없이 내어주는 사랑만이 존재한다. 그것이 바로 사라지지 않는 영원한 참세상이다.

나에게 인생을 제대로 살아갈 수 있도록 인생법칙을 알려준 소나무에게 너무나도 감사하다. 나는 큰 깨달음을 얻고 난 후, 나만의 인생법칙이 생겼다. 그 어떠한 일이 있어도 바라지 않고 나의 풍요로운 사랑만을 내어줄 수 있는 사람이 될 것이다. 대가를 바라는 것은 진정한 사랑이 아니라 거래인 것이다. 무조건 베풀기 위해 노력할 것이다. 최선을 다해 항시 같은 마음으로 세상 모든 만물들을 대할 것이다. 변하지 않는 마음으로 세상을 대할 것이다. 오로지 세상을 위해 선한 영향력을 줄 수 있는 방법만 연구할 것이다. 진심을 다해 만인을 사랑할 것이다. 분별 없이 모든 것을 수용하며 세상을 이롭게 할 것이다. 내가 태어나기 전보다 더 밝은 세상으로 만들어놓고 이 육신을 떠날 것이다. 나는 이 자리에서 맹세코 이 선언을 지킬 것이다.

06
—

함께여서 행복한
이유

나는 늘 혼자였다. 혼자가 편했다. 사람들을 좋아하지만 사람들을 만나고 나면 늘 몸이 피곤해진다. 사람들과의 관계에서 원활한 소통을 하지 못했다. 상대를 이해할 만한 그릇이 되지 못한 탓일까. 오로지 나밖에 몰랐고 나 살기에만 급급했다. 오히려 상대방은 무시해버리는 대상이었다. 내 머릿속은 항상 나만의 생각과 정보들로 가득 차 있었기 때문에 상대방이 내 머릿속에 들어올 수 있는 공간이 부족했던 것 같다. 어디를 가든 내가 '갑'이었고 나에게 세상은 늘 '을'의 존재로 받아들여졌다. 흔히 말하는 '갑질'이라는 것을 하고 살아온 것 같다.

"우와! 이거 정말 맛있어요! 어쩜 이렇게 요리를 맛있게 하시나요? 맛있게 만들어주셔서 정말 감사합니다. 덕분에 너무 행복했어요. 또 올게요, 사장님!"

식당에서 한 손님의 밝은 목소리가 들려왔다. 나는 도무지 이해가 되질 않았다. '어떻게 내가 내 돈을 내고 먹는데 감사하지? 내가 낸 만큼 먹겠다는데 이게 그렇게 감사할 일인가? 내가 돈을 지불하고 이에 대한 대가로 음식을 맛있게 제공받아야 하는 것은 당연한 거 아니야? 참, 저 사람은 왜 이렇게 유난이야.'라고 속으로 비난했다.

세상이 그냥 시커멓게만 보였던 시절, 나무에서 나뭇잎이 떨어져 내 얼굴을 스쳤다.

"왜 나뭇잎은 하필이면 내 얼굴로 떨어지고 난리야. 짜증나 죽겠네."

모든 것이 싫었다. 세상이 그냥 어두컴컴한 지옥 같았다. 왜 사는지를 모르겠다. 내가 왜 여기 있고, 내가 여기서 무엇을 하고 있는지 나도 잘 모르겠다.

그러던 내가 대학생이 되었다. 더 많은 경쟁을 위해 전쟁터로 뛰어들었다. 이때 나는 오로지 장학금만이 내 인생의 전부였다. 그 하나의 목표만을 향해 하루하루를 살아갔다. 성적은 상대평가로 이루어졌다. 모든 사람들을 이겨야 했다. 나에게 함께 공존이란 있을 수가 없었다. 상대가 나보다 시험을 못 봐야 내가 1등을 할 수 있는 구조였기 때문이다. 나는 무조건 장학금을 받아야만 했다. 그리고 이로부터 얻어지는 해외연수라는 혜택을 누리고 싶었다. 혼자 해외를 나가기에는 자금이 부족하다고 생각했다.

나는 어떻게 해서든 지금 현실에서 벗어나고 싶었다. '해외라도 가면 무언가는 달라지겠지.'라고 생각했다. 시험기간이면 무조건 밤을 꼴딱 새고 화장실에서 틈틈이 혼자 몰래 공부했다. 교수님께서 알려주신 중요한 내용은 꼼꼼하게 모두 받아 적어놓고 아무도 보여주지 않았다. 옆에 친구가 조느라 못 들었다고 나에게 물어보면 나도 잘 모른다고 했다. 나는 그렇게 세상은 보이지 않았고 오로지 1등만을 향해 달려갔다. 내 목표를 위해서는 그게 최선인 줄 알았다. IQ가 워낙 좋지 않았기에 아쉽게도 1등은 한 번도 해보지는 못했다. 그래도 원하던 장학금을 탈 수 있었다. 그리고 해외연수도 갈 수 있는 기회를 얻게 되었다.

처음으로 해외에 가게 되었고 나는 마음껏 자유를 누렸다. 오로지 나만을 위해 내가 하고 싶은 대로 살았다. 처음으로 부모님의 울타리 안에서 나와 스스로 끼니를 해결해야 했다. 아침으로는 극도로 달콤한 미국산 아이스크림 한 통으로 시작했다. 점심은 딸기잼을 바른 식빵 한 조각으로 대충 때운 채 하루 종일 굶주린 상태에서 집으로 돌아왔다. 저녁이면 외국인 친구들과 모여 파티를 즐겼다. 하루 종일 굶다시피 하면서 매일 저녁 야식, 폭식, 과식을 일삼았다. 그 이후로 나는 건강이 계속 나빠지기 시작했다. 생리가 멈춰버렸다. 온갖 염증으로 시달리며 피부로 독소를 뿜어내기 시작했다.

나는 단지 내가 원하는 삶을 살아보고자 했던 것이었다. 사실 내가 무엇을 진정으로 원했었는지도 알 수가 없었지만 말이다. 무엇을 위해 내가 지금껏 달려왔을까. 오로지 장학금, 해외연수만을 목표로 삼고 나름 열심히 살았다고 자부했다. 그러나 그 모든 것을 다 이루고 얻은 것은 병뿐이었다. 나는 왜 그토록 장학금과 해외 어학연수를 원했던 것일까.

지금 와서 돌아보면 과거의 내 모습은 한심하기 짝이 없다. 세상에서 배운 것이라고는 상대를 살리는 일이 아닌 서로를 죽이는 일이었다. 나의 모든 행동들은 세상의 순리와 이치에 맞지 않았다. 우주의 에너지와 정 반대 방향으로 흘러가고 있었다. 지난 7년간의 나의 힘들었던 세월들은 내가 당연히 받고 감수해야 했었던 당연한 일임에 분명했다. 나는 이 치유기간동안 큰 깨달음을 얻어야만 했었던 것이다. 그것이 나를 살리고 세상을 살리는 길이었던 것이었다.

나는 아프고 나서 세상에 대한 불신이 더 짙어졌다. 어렸을 때부터 누구에게 의지하려고 하지 않고 무엇이든 혼자서 다 해결하려고 하는 습관이 있었다. 그 누구에게도 도움을 받으려 하지 않았다. 혼자 다 하려고 하는 욕심이 많았다. 아마도 부모님의 지나친 사랑이 나에게 집착으로 다가왔던 것 같다. 그냥 나를 가만히 내버려두었으면 하는 마음이 컸었나보다. 무엇이든 혼자하고 싶었다.

치료를 하면서 병원, 한의원, 자연치유, 건강의료원 등 여러 군데 다녀보았지만 나를 낫게 해주는 의사들을 만나기가 어려웠다. 그래서 세상에 대한 믿음이 점점 더 사라졌다. 다 환자를 상대로 자기들 이익을 챙기려는 수작으로밖에 보이지 않았다. 내 병은 내가 스스로 고칠 수밖에 없다고 생각했다. 하지만 나는 세상을 믿지 못했기에 더욱 힘들어져 갔다. 모든 것은 계속 악순환의 반복이었다.

그렇게 혼자 안간힘을 써보고 힘이 다 빠진 상태에서 큰 깨달음을 얻었다. 인간은 절대 혼자서 살 수 없는 존재라는 것을. 모든 것은 나의 에고의 착각이었다. 내 주변에는 모두 나를 도와주려고 하는 사람들만 존재한다는 것을 알게 되었다. 혼자서는 이룰 수 없는 모든 일들도 함께하면 다 해낼 수 있었다. 세상은 서로 의지하고 도움을 주고받으며 함께 살아가는 것이다. 혼자서 다 이겨내려고 안간힘을 쓰다보면 금방 지치고 포기하게 된다.

과거의 나는 그렇게 혼자서 외롭게 살아왔다. 인정받고자 하는 마음이 컸을까. 아니면 누군가의 도움을 받으면 자존심이 상했던 것일까. 가짜인 나를 지키겠다고 세상과 벽을 쌓고 살았지만 결국 나에게 남은 것은 상처뿐이었다.

세상이 나에게 상처를 준다고 생각했지만 내 자신이 나를 스스로 갉아먹으며 상처를 주고 있었다. 세상을 살아가는 데 아무런 이로움을 주지 않는 내 안의 가짜를 더 이상 믿어서는 안 된다. 나의 에고에게 먹이를 주며 아무 뜻과 의미도 없는 나의 욕망인 자존심을 지키기 위해 살지 않을 것이다.

나의 내면에 깊이 숨어 있는 잘못된 습관과 행동들이 상대방에게 큰 상처를 남겨줄 수 있음을 기억해야 한다. 가짜인 나를 벗기고 없애야만 세상에게 이로운 존재로 함께 살아갈 수 있음을 잊지 말아야 한다. 나의 세포 하나하나에 스며들어 있는 잘못된 습관과 행동들이 살아가면서 상대를 끊임없이 찌르고 있다는 것을 알아차려야 한다. 나의 에고를 지키려고 하는 모든 허황된 부정적인 에너지가 세상을 계속해서 아프게 하고 있는 것이다.

보통 사람들은 자신의 무의식 속에서부터 자동으로 튕겨져 나오는 행동들을 아무생각 없이 행동하면서 살아가고 있다. 그래서 실제로 자신이 상대방에게 상처를 주고 있는지조차도 인식하지 못한다. 나 또한 그랬기에 그렇게 어리석게 행동하고 살아왔다. 이제 와서야 나를 제대로 돌아볼 수 있게 되었다.

사람들은 남의 행동을 판단하고 지적하는 것에는 익숙하다. 하지만 자기 자신을 들여다보는 사람은 극히 드물다. 모든 사람들은 서로를 위해 각자 자신을 잘 돌아보고 자신의 모습을 수정하며 다듬을 줄 알아야 한다. 나의 존재가 이 세상에게 이로움을 줄 수 있다면 이 세상은 얼마나 밝아지겠는가.

나의 자존심을 포함한 모든 마음을 버리고 힘들 때는 세상에게 도움을 요청하는 것도 함께 살아가는 방법이다. 내가 상대방으로부터 도움을 받는다는 것은 상대에게도 자신의 존재가 누군가에게 도움이 될 수 있다는 것을 깨닫게 해주는 것이다. 다시 말해 상대방이 자신의 능력을 발휘할 수 있도록 오히려 내가 도움을 주는 셈인 것이다. 이렇게 서로 돕고 돕는 세상을 살아가야 한다.

결국 나의 가짜인 에고가 사라져야지만 세상과 함께 할 수 있다. 인간은 세상과 함께 해야지만 행복할 수 있다. 우리는 모두 하나의 에너지로 이루어져 있기 때문이다. 천국도 혼자가면 심심하고 재미없다. 하지만 지옥이라고 할지언정 함께라면 어떠한 역경도 헤쳐 나갈 수 있는 힘이 생긴다. 그렇다면 기쁨은 말할 것도 없이 배가 되지 않겠는가. 세상 사람들과 함께 지금 이 순간을 재밌게 살아가는 것이 우리가 살아가는 이유이다.

07
—

포기하고 싶은
순간

"한 번만 더!", "일어나야지! 호흡에 집중하고!", "One, Two, Three…."

구령소리에 맞추어 동작을 모두 수행해낸다. 새벽 요가수련에서만 느낄 수 있는 이 순간. 오늘도 나의 한계점과 마주한다. 내 근육이 잘 버텨주기만 하면 된다. 포기만 하지 않으면 된다. 숨은 점점 가빠진다. 온 몸에 진동이 느껴질 정도로 근육의 떨림이 느껴진다. 이 순간을 버티기 위해 모든 나의 근육과 호흡의 힘으로 안간힘을 쓴다.

대학교 입학을 앞두고 처음으로 동네 요가원을 찾았다. 나는 항상 목과 어깨가 뻐근했다. 요가가 스트레칭에도 좋다고 해서 시작해보기로 했다. 처음 시도해보는 새로운 동작들이 너무나도 어색했다. 지금껏 한 번도 써보지 않았던 근육을 쓰기 시작했다. 삐거덕거리는 소리가 나며 내 근육들은 힘들다고 몸부림을 친다. 피부가 찢어질 것 같은 느낌, 숨이 턱턱 막혔다. 옆에 다른 수련생들을 보면 다들 오랫동안 수련을 해왔는지 수준급이었다. 나는 또 다른 사람과 나를 비교하기 시작한다. 한숨만 나온다. '내가 잘할 수 있을까?', '속도 메스껍고 나랑 안 맞는 것 같은데…' 익숙하지 않은 새로운 것에 적응하지 못하고 있었다.

그렇게 인연이 된 요가는 어느덧 10년이 넘게 지금까지도 나와 함께하고 있다. 나는 어렸을 때부터 항상 온몸 구석구석이 쑤시고 아팠다. 평상시에 얼마나 긴장을 많이 하고 지내왔는지 안 봐도 뻔하다. 우리 신체는 근육으로 둘러싸여 있다. 장기들도 모두 근육으로 되어 있다. 근육은 특별히 힘을 쓰거나 무리해서 움직이지 않았는데도 쉽게 뭉칠 수 있다. 스트레스를 받거나 긴장 상태에 머물러 있으면 바로 경직되기 때문이다. 그래서 기분이 별로 좋지 않거나 긴장상태에서 밥을 먹으면 체하는 이유도 위장의 근육이 경직되어서 활발히 운동을 하지 못하기 때문이다.

지금 돌아보면 나는 남들보다 훨씬 긴장도가 높은 사람이었다. 그래서 항상 순환이 잘 되지 않았다. 손, 발은 항상 차서 남들보다 추위를 많이 느꼈다. 자다가 다리에 쥐가 나서 깬 적이 한두 번이 아니었다. 가위도 많이 눌렸다. 매일 밤 쫓기는 꿈에 시달려 지친 몸으로 아침을 맞이한다. 긴장을 심하게 해서 이를 갈았는지 턱도 뻐근하다. 아침부터 찌뿌둥한 기분으로 하루를 시작한다. 생각만 해도 다시 돌아가고 싶지 않은 시절이다.

나는 요가를 통해서 나의 몸을 들여다보기 시작했다. 태어나서 처음으로 나의 근육들을 하나하나 느껴볼 수 있었다. 고난이도의 동작들을 통해 나의 한계점을 발견하였고 이를 극복할 수 있는 좋은 계기가 되었다. 처음에는 절대 할 수 없을 거라고 생각했던 동작들도 이제는 자연스럽게 동작과 내가 하나가 되어 있다. 그런 내 몸을 보고 있으면 나도 신기하다. 누구나 한 번도 가보지 않은 길은 자신의 길이 아니라고 생각한다. 그리고 쉽게 포기해버린다. 하지만 그 어떠한 일이라도 새롭게 시도하고 도전해보아야 한다. 그러면 그 안에서 지금껏 발견하지 못한 또 다른 나를 발견할 수 있다. 도전을 하고 가는 과정에서도 분명히 힘든 순간들이 몇 번이고 찾아온다. 하지만 결국에는 포기만 하지 않고 꾸준히 앞으로만 간다면 누구나 결승점에 도착할 수 있다. 어찌 보면 이는 당연한 세상의 이치다.

누구라도 결승점에 빨리 가고 싶은 마음은 다 똑같을 것이다. 그렇다고 단숨에 결과만 가져가는 것은 순리에 어긋나는 것이다. 대부분의 사람들은 달콤한 열매만 먹고 싶어 한다. 그 열매를 얻기까지 걸리는 과정은 누구에게나 지루하고 힘들게 느껴질 수 있다. 하지만 결과만을 바라보지 않고 매 순간을 즐길 수 있다면 자기도 모르는 사이에 달콤한 열매는 이미 내 앞에 도착해 있을 것이다. 성공은 가는 과정에서도 지치지 않고 꾸준하게 즐기면서 하는 사람만이 누릴 수 있는 특권이다. 달콤한 열매를 먹고 싶으면 그 열매를 따기 위해 열심히 연구하고 노력해야 한다. 열매만 바라보고 떨어질 때까지 기다리거나, 자신의 열매가 아니라고 시도도 해보지 않고 뒤돌아서 가버린다면 평생 그 열매의 맛을 보지 못하는 것이다. 나에게 주어진 선물을 스스로 거부한다면 자신을 스스로 지옥에 가두는 것과 마찬가지다.

가만히 힘 들이지 않고 누워서 저절로 근육이 커지는 걸 본 적이 있는가. 근육은 자극을 받아야만 성장할 수 있다. 우리가 엉덩이 근육을 키운다고 해보자. 그 부위의 근육을 사용하기 위해 특정한 동작을 하게 된다. 그러면 근육이 움직이는 과정에서 뻐근한 통증을 느낄 수도 있다. 스스로 그 부위에 있는 근육이 찢어지도록 만드는 것이다. 근육의 성장의 원리는 찢겨진 후에 다시 재생되면서 커지게 되는 것이다.

우리의 삶도 마찬가지다. 살면서 그 순간에는 죽을 것 같이 힘들고 괴롭더라도 시간이 지나고 나면 다 잊히기 마련이다. 어느새 그 시간을 통해 자신이 훌쩍 커져 있음을 느낄 수 있다.

나는 그동안 수많은 고난을 통해 매 순간 세상이 나에게 주려고 하는 삶의 메시지가 있음을 알게 되었다. 나를 성장시켜주시려는 세상의 선한 의도가 담겨져 있다는 것을 말이다. 그렇다면 그 순간 내가 해야 할 일은 그 안에서 무슨 가르침을 주시려고 하는지를 끊임없이 물어보고 답을 받아내야 한다는 것이다. 문제가 있다면 반드시 답도 있다. 결과가 있으면 원인이 있다.

지금 일어나고 있는 현상이 힘들다고 느껴진다면 내가 왜 지금 힘든지 스스로 물어보아라. 그리고 이 상황에서 어떻게 헤쳐나가야 지혜로울지 스스로 질문해보아야 한다. 먼저 '왜 이 일이 일어났을까?', 'Why'를 묻는다. '그럼 나는 여기서 어떻게 해결해야 할까?', 'How'를 물어본다면 정답은 그 안에 모두 들어 있다. 시간은 조금 걸릴 수 있다. 그 시간을 온전히 믿어야 한다. 인내하고 끊임없이 나와 소통한다면 반드시 해답을 얻을 것이다. 내가 앞으로 나아가려는 의지와 믿음만 있다면 우주는 반드시 응답할 것이다.

우주는 모든 상황에서 나를 시험하는 중이다. 여기서 우주란 세상, 알라, 하나님, 부처님 등과 같이 창조주를 말하는 것이다. 모두 다 같은 개념으로 이해하면 쉽다. 우주는 내가 이 땅, 이곳에서 깨달음을 얻고 성장하기를 바라고 있다. 우주가 나에게 원하는 것은 나의 재능을 스스로 발견하여 그 고귀한 재능을 세상에 발휘하는 것이다. 그래서 세상은 서로에게 도움을 주고 또 도움을 받게 되는 것이다. 그렇게 세상은 점점 밝아진다.

우리가 등산을 할 때도 목적이 각자 다를 것이다. 하산해서 막걸리와 파전을 먹기 위해, 또 어떤 사람은 정상에서 보는 경치의 아름다움을 만끽하기 위해, 아니면 단순히 근력을 키우기 위해 정상에 오르기도 한다. 이처럼 산에 오르는 것도 각자마다 여러 가지 이유가 있겠지만 등산이 쉬울 것이라는 생각을 하고 출발하는 사람은 아무도 없을 것이다. 하지만 오르기 전에 애초부터 힘들 것을 미리 예상하고 오른다. 그렇다면 힘들 것을 알면서 왜 올라가는 걸까. 어차피 내려올 건데 말이다. 지금 당장은 힘들지라도 결국에는 내가 원하는 것을 얻을 수 있다는 확신이 있기에 오르기로 결정하는 것이다. 지금 현재 오르고 있을 때 힘든 것을 고통으로 보지 않는 것이다. 그들은 정상에 올랐을 때의 그 기쁨을 누구보다 알고 있다. 또, 내가 등산하기 전보다 더욱 건강해졌음을 스스로 느낄 수 있다. 그것이 아무도 시키지 않았는데도 자신만의 귀중한 시간을 내어서라도 등산을 하는 이유다.

지금 내가 괴로운 상황에 처해 있는가. 만약 그렇다면 그 상황도 내가 선택한 것이다. 당연히 내가 선택하지 않았다고 반발할 수 있다. 내가 원치 않는 상황임에 분명하기 때문이다. 하지만 나의 의도와는 상관없이 벌어진 상황일지라도 내가 모르는 나의 전생에서 내가 못 배운 것이 있었을 것이다. 그래서 지금 이곳에서 배우고자하는 세상의 의도가 숨겨져 있는 것이다. 그렇다면 그 상황에서 세상이 나에게 주려고 하는 메시지를 빨리 알아차리고 배워버리면 된다. 그 상황이 너무 괴로워서 빨리 지나가길 바란다면 방법은 간단하다. 그 상황에서 얻을 수 있는 교훈을 빨리 깨닫고 내 것으로 만들어버리면 다시는 그 상황이 반복되지 않는다.

우주에서 '나'라는 사람은 사라지는 육신이 아닌 영원히 존재하는 의식을 말한다. 우리는 이 의식을 지속적으로 발전시켜야 한다. 여기서 끝이 아니다. 나뿐만 아니라 타인, 세상의 의식도 발전시킬 수 있도록 도움을 줄 수 있는 사람이 되어야 한다. 그게 바로 우리가 이 세상에 태어난 이유이다.

예수님도 제자들의 의식을 성장시키기 위해 온갖 수난을 당하면서까지 사명감을 갖고 가르치려고 하셨다고 한다. 이 길은 결코 쉽지 않은 길일 수 있다. 하지만 이것이 내가 이 세상에 태어난 이유라면 세상의 뜻을 따르기로 하는 것이다. 이는 결국 나와 세상 모두를 위한 길이 될 것이다.

보통 정상에 도착하기 직전에 가장 힘든 구간이 찾아온다. 그 깔딱 고개가 가장 큰 고비이다. 드라마나 영화에서도 끝나기 직전에 클라이맥스가 있지 않은가. 이를 미리 알고 전략을 잘 세운다면 누구라도 성공할 수 있다. 세상은 인간이 이겨낼 수 있을 정도까지의 시련만 주신다고 하셨다. 의지가 약해져 포기하고 싶을 때 포기하지 않은 사람만이 성공할 수 있다. 이는 해본 사람만이 알 수 있다. 직접 경험해보고 스스로가 산증인이 되어본다면 확실한 믿음이 더 생길 것이다.

08

모두를 만족시키려
애쓰지 마라

세상 사람들 모두가 다 내 편이기를 바라고 있는가. 아니면 실제로 모두 내 편이라고 생각하는가. 나는 이제껏 모두가 내 편이라고 생각해왔다. 어쩌면 모두가 나와 같은 생각을 갖고 살기를 바라며 살아왔는지도 모른다. 상대방이 나와 다른 생각을 가지고 있으면 나를 공격한다고 생각했다. 너무나도 아팠다. 어렸을 때부터 마음 근육이 단단하게 성장하지 못했던 것 같다.

"너는 무슨 말만 하면 우냐? 내가 이래서 너한테 무슨 말을 하겠어?"

나는 엄마의 말 한마디에도 끄떡하면 눈물이 풍년이었다. 지금 생각해보면 특별하게 상처 주는 이야기도 아니었는데 나 혼자 상처를 많이 받으며 살아왔다. 칭찬이 얼마나 고팠는지 항상 완벽한 모습을 보이려고 애를 쓰며 살았다. 항상 어떠한 결과이든 상대로부터 긍정적인 반응을 받아야 했다. 그렇지 않고 나에 대해 부정적인 입장을 들을 때면 하늘이 무너지는 것 같았다. 항상 좋은 결과만을 얻기 위해 발버둥을 치며 힘겹게 살아왔다.

갈등을 회피하고자 하는 욕구는 어린 시절에서 비롯되기도 한다. 어렸을 때 부모님의 다툼을 자주 보고 자란 아이는 특히나 더 평화만을 원한다. 나는 모든 부정적인 상황을 피하고 싶었다. 부모님이 싸우는 그 순간이 너무 괴로웠기 때문이다. '갈등'이란 나쁜 것이고 언쟁을 막기 위해 다른 사람의 비위를 맞춰야 한다고 생각했다. 그리고 '나'라는 사람을 있는 그대로 드러내지 못했다. 항상 좋은 면, 완벽한 면만 드러내려고 애를 썼다.

나의 생각은 무시하고 살았다. 타인의 의견에 맞추어 살아버렸다. 내 의견은 무시해도 상관없다고 생각했다. 그 순간의 의견충돌이 더 싫었기 때문이다. 내가 욕을 먹고 나쁜 사람으로 인식되는 것도 싫었다. 내 영혼이 진짜 원하는 것이 있어도 주인인 내가 들어주지 않았기 때문에 항상 상처를 받고 살았던 것이다. 나의 희생으로 인해 다른 사람이 행복해진다고 착각하며 살았다. 그리고 나는 항상 타인을 먼저 생각하는 가치 있는 사람이라고 착각했던 것이다.

성경에서도 '이웃을 네 몸처럼 대하라'고 했지, '이웃을 내 몸보다 더 잘 대하라'고 하지는 않았다. 자신이 먼저 행복하지 않고 타인의 감정을 먼저 배려한다면 결국 나와 상대 모두에게 상처를 주고 있다는 것을 알 필요가 있다. 자신이 '희생했다.'라는 마음을 가지고 상대에게 베풀었다고 가정해보자. 만약 상대로부터 내가 준만큼 돌려받지 못했을 때 과연 아무런 마음이 생기지 않을까.

친구 생일 날, 친구가 기뻐할 것을 상상하며 케이크를 손수 만들었다. 친구가 당연히 좋아할 거라고 생각하며 기대에 잔뜩 부풀어 있었다. 친구에게 미리 말하지 않고 깜짝 선물로 준비했다. 하지만 나의 예상과는 다른 반응이었다. 친구는 나의 선물이 별로인 눈치였다. 나는 내심 속상한 마음으로 집으로 돌아왔다.

과연 나는 왜 케이크를 만들었을까? 친구가 행복해하는 모습을 보면 나도 기분이 좋기 때문이다. 결국 내 행복을 위해, 내가 하고 싶어서 한 것이다. 상대를 위해서 한다고는 하지만 그것을 빌미삼아 결국은 내가 행복해지기 위해 모든 일을 하게 된다. 나의 행복을 위해 상대가 억지로 행복하기를 바라는 것은 상대의 감정까지 강요하고자 하는 나의 욕심인 것이다. 상대의 감정과 생각에 자유를 주어야 한다. 그리고 있는 그대로 수용할 줄 알아야 한다. 모든 일에는 다 이유가 있다. 충분히 상대방은 나와 다른 입장에 서 있기에 다른 감정을 가지고 있을 수 있다.

사실 알고 보니 그 친구는 어렸을 때부터 감정을 드러내는 것을 배워본 적이 없었다. 그래서 그 때의 그 친구 입장에서는 자신의 기쁜 감정을 최대치로 표현한 것이었다. 하지만 각자의 기대에 부응하지 않는 반응과 마주했을 때 우리는 큰 실망감을 안게 된다.

우리는 각자의 생각을 서로 소통하고 공유하려면 갈등을 겪을 수밖에 없다. 여기서 '갈등'이란 다투고 싸우는 것이 아닌 단순한 '의견 차이'를 말한다. 대화를 통해서 서로 각자 다른 의견을 공유하면서 알아갈 수 있다. 그리고 가장 최적의 합의점을 찾아갈 수 있다.

우리는 살아가면서 타인과 의견에 항상 동의할 필요는 없다. 다른 사람의 말에 동의하지 않아도 자신의 결정에 만족하면 그것이 올바른 선택을 한 것이다. 다른 사람이 원하는 대로만 행동한다면 내가 주체가 될 수 없다. 내가 원하는 것이 무엇인지도 모른 채 길을 헤매게 된다. 영원히 타인의 노예로 살게 된다. 그 감옥에서 벗어나지 못하고 매 순간 불행하다. 그렇게 되면 결국 내 자아가 행복하지 않기 때문에 내면에는 화가 쌓이고 분노와 짜증, 스트레스가 많아질 수밖에 없다.

"오늘이 며칠이지?" 학창시절 선생님께서는 꼭 번호를 랜덤으로 골라 발표를 시키셨다.

"4일이요!"

"그럼 오늘은 4번대를 시켜볼까?"

정적이 흐르는 이 순간만큼 나는 가슴이 터질 것만 같았다. 친구들 앞에서 대표로 책을 읽는다는 것 자체가 나에게는 얼마나 두렵고 무서웠는지 모른다.

하필 오늘 날짜가 4일인 덕분에 34번인 내가 당첨되었다. 어쩔 수 없이 나는 자리에서 힘없게 일어난다. 바들바들 떨리는 손으로 책을 얼굴 높이까지 들어올린다. 영 자신이 없다. 책으로 얼굴을 가리고 나는 눈물을 흘린다. 슬퍼서 우는 것이 아니었다. 나도 모르게 난감한 상황에 눈물이 나오는 것 같다. 울면서 꾸역꾸역 책을 읽어내려갔다. 악몽 같았다.

살면서 온전히 자유를 느끼며 살아본 적이 있는지 천천히 나의 살아온 삶을 돌아보면 나는 아니었다. 항상 상대를 의식하면서 살아왔다. 내가 삶의 주체가 아닌 타인이 주체가 되어 주객이 바뀐 상태로 살아왔다. 타인의 노예로 살아온 것이다. 내가 원하는 말 한마디도 제대로 표현하지 못하고 살았으니 얼마나 세상 살기가 힘들었겠는가.

'내가 이 말을 하면 기분 나빠하지는 않을까?' 혹은 '나를 이상하게 보지는 않을까?' 온갖 잡다한 생각들로 지배당하고 있었다. 결국 하고 싶은 말은 가슴속에 담아두기로 한다.

상대가 나에게 아무 생각 없이 뱉은 말은 또 어떤가. 있는 그대로 받아들이지 못하고 나만의 방식으로 해석하려고 한다. 그리고 스스로 나만의 드라마를 써가면서 생각에 꼬리의 꼬리를 물고 늘어진다. '저 사람은 무슨 의도로 저 말을 했을까?', '저 말에 담겨져 있는 의미가 뭐지?' 집에 돌아와서 곱씹고 또 곱씹는다.

모든 사람들은 각자만의 생각과 감정을 가지고 있다. 이는 그들만이 가지고 있는 사상이다. 그들만의 허상이라는 것이다. 이는 곧 있는 사실 자체가 아니다. 그들이 살면서 경험하고 배워온 정보를 토대로 만들어낸 자신만의 이야기를 말하는 것이다.

'나무'를 각자 한번 떠올려보자. 똑같은 '나무'의 이미지를 떠올릴 사람은 아무도 없을 것이다. 나무의 모양, 색깔, 느낌 모두 자신의 뇌 속에 다르게 표현되고 있다. 각자 살아온 삶과 환경, 경험이 모두 다르기 때문이다.

우리는 모두 각자의 생각을 강요할 수는 없다. 실제로 연예인들이 악성댓글을 읽고 상처를 받게 되는 이유가 무엇일까? 모든 국민이 자신의 팬이 되기를 바라는 마음에서 생겨나는 것이다. 각자 생각의 자유를 존중해주어야 한다. 누구나 좋고, 싫음이 있는 것이다. 그건 그 사람들의 선호도이다. 실제 존재하고 있는 건 '나' 자체다. 겉으로 드러나는 나의 일부만 보고 판단하는 것뿐이다. 그 생각의 옳고 그름은 존재하지 않는다. 생각은 실제 존재하고 있는 것이 아닌 허상에 불과하다.

누군가가 나를 미워하거나 질투한다는 것은 다시 말하면 나를 너무 사랑한다는 뜻이다. '사랑'의 반대말은 절대 '미움'이 아니다. '사랑'의 또 다른 부정적인 표현일 뿐이다. '사랑'의 반대말은 '무관심'이다. 나를 사랑하지 않는 사람은 조금의 관심조차도 없다.

나는 모든 사람에게 사랑 받고 싶은 욕구가 많았다. 다른 사람 눈에 착한 사람으로 보이고 싶었다. 이는 내면에 사랑이 결핍된 상태임을 스스로 증명하고 있는 것이다. 스스로 사랑할 줄을 모르는 것이었다. 자존감이 바닥이었다. 그래서 타인으로부터 인정을 받아야만 행복을 느낄 수 있는 것이다. 사람을 만날 때면 항상 밝은 모습으로 대하려고 애를 썼다. 모든 사람들을 만족시키려고 했다. 언제나 모든 사람들을 기쁘게 하려고 애를 썼다. 자연스럽게 내 마음에서 우러나오는 것이 아닌 인위적인 모습이었다. 자연스럽지 못하기 때문에 어색하다. 힘이 잔뜩 들어가게 된다. 그러면서 자신을 희생하게 되는 것이다. 그래서 사람들의 관계에서 항상 많은 에너지가 소모될 수밖에 없었다. 사람들만 만나면 금방 피곤해져 늘 혼자 쉬는 것을 좋아했다.

타인의 뜻을 먼저 생각하는 사람은 자기 가치관에 맞게 행동하지 않는다. 영원히 타인의 노예로 살게 된다. 그 감옥에서 벗어나지 못하고 매 순간 불행하다. 결코 나의 희생으로 모두가 행복해질 수 없다는 것을 깨달았다. 내가 인정받고 욕을 먹지 않기 위해 타인을 만족시키려고 하는 것은 나의 허황된 마음이다. 진짜 나의 참 영혼은 상대에게 아무런 기대조차 하지 않는다. 인정받으려는 마음조차 없다. 그저 아무런 조건 없이 무한한 사랑을 주게 된다. 그러면 상대의 반응으로부터 아무런 영향을 받지 않게 된다.

  단호하고 솔직하게 자신의 의견을 말할 줄 알아야 타인과의 원활한 소통을 유지할 수 있다. 타인을 만족시키려고 하는 것이 아니라 자신의 진심을 드러내야만 각자 진정한 행복을 누리게 되는 것이다. 모두 각자의 입장이 있고 그 감정을 있는 그대로 수용해줄 수 있어야 한다. 그리고 내가 할 수 있는 것은 상대에게 아무것도 바라지 않고 따뜻한 사랑을 건네주는 것이다.

09

평범한 성공보다는 멋진 실패가 훨씬 낫다

당신은 지금 삶에 만족하는가. 이 정도면 적당히 성공했다고 생각하는가. 성공이란 과연 무엇을 의미할까. 각자의 성공의 기준은 모두 다를 것이다. 누군가는 안정적으로 직장을 잡아서 매달 수입이 꼬박꼬박 들어온다면 이것이 성공한 삶이라고 한다. 지금 당장 사는 데 아무런 문제가 되지 않기에 현재에 적당하게 만족하며 사는 것이다. 하지만 누군가는 억만장자가 되어도 자신의 수입에 상관없이 끊임없이 도전하고 발전하는 사람이 있다. 그들은 삶을 좀 더 윤택하게 만들어 세상에 빛이 되고자 한다.

지난 7년간의 나의 치유기간이 어떻게 보면 인생에서 실패라고 생각할 수도 있다. 한창 사회생활 할 나이에 돈 한 푼 벌지 못하고 집에만 갇혀서 살게 되었으니 말이다. 이 또한 내가 자초한 일이기도 하다. 평범하게 병원에서 주는 약만 먹고 그냥 살았더라면 이렇게 힘든 시기는 겪지 않았을 수도 있었다. 나는 약이 아닌 다른 방법으로 치료를 해보고 싶었다. 약은 응급상황에서는 도움이 될 수 있다. 하지만 그 질병의 근본 원인을 해결해주지는 못하기 때문에 나는 원인 치료를 하고 싶었다.

이 세상에 정답은 없다. 아무도 나의 인생을 만들어주지 않는다. 아무리 유명한 의사라고 해도 나에게 그 어떠한 결론을 내려줄 수는 없다. 이 방식으로만 하면 무조건 낫는다고 말하는 사람이 있다면 오히려 더 의심해보아야 한다. 인간은 생각보다 복잡한 구조로 되어있다. 단순히 무언가를 획일화시켜서 적용할 수 있는 존재가 아니다. 자신들이 겪어보지 않고는 아무도 그 길이 '맞다, 틀리다.'라고 말할 수 없는 것이다. 물론 통상적인 연구결과에 따라 일반적인 치료방법을 대입시키면 얼추 맞을 수는 있겠다. 하지만 '나'라는 인간은 이 우주에 유일한 존재다. 의사들도 '나'라는 환자는 처음인 것이다. 100명이 약이 잘 들었더라도 어떤 한 사람은 부작용이 날 수도 있는 것이다. 물론 모든 의료진들은 자신이 할 수 있는 최선의 방법으로 사람을 살리려는 감사한 분들이다. 나는 그들이 잘못 되었다고 절대 생각하지 않는다. 단지 모든 치료방법에 있어서 어느 한쪽 면만 생각해서는 안 된다는 것이다. 종합적으로 모든 것이 퍼즐 조각처럼 잘 맞아떨어졌을 때 그때서야 비로소 빛을 발하게 된다.

나는 여러 치료방법들을 직접 경험해보았다. 물론 힘든 시간이 많았다. 하지만 절대 후회하지는 않는다. 나는 그 시간을 통해 인생에서 가장 중요한 가치를 얻게 되었다. 단면적으로 드러나는 실패와 성공의 개념을 말하고자 하는 것이 아니다. 지난 나의 실패 경험이 없었다면 나는 평생 그 어떠한 것과도 비교할 수 없는 가치를 선물받을 수 없었을 것이다. 그렇다고 일부러 병에 걸려서 스스로를 아프게 만들라는 말이 아니다. 나는 나의 질병을 치료하면서 수많은 실패를 경험했고 그 안에서 성장할 수 있었다. 하지만 누군가는 사업, 여행, 일상적인 생활을 통해서 얼마든지 많은 경험을 쌓아나갈 수 있다.

가장 중요한 것은 그 어떠한 조건이 나에게 오더라도 모든 것을 수용할 줄 알아야 한다는 것이다. 실패할까 봐 두려워서 시도조차도 못하는 것은 너무나도 안타까운 일이다. 내가 원하는 것이 있다면 용기를 내고 어떠한 것이든 도전하는 것이 중요하다. 어떠한 일에 쉽게 성공했다면 그만큼 얻는 것도 많지 않을 것이다. 성공이 인생의 목적이 되어서는 안 된다. 많은 경험과 실패를 통해 앞으로 나아간다면 이것이 바로 성공적인 삶이라고 감히 말하고 싶다. 나만의 경험을 통해 유일한 나의 인생철학이 탄생하는 것이다.

갑자기 하늘에서 뚝 떨어져 자기 혼자 태어난 사람은 이 세상에 아무도 없다. 조상님과 부모님, 온 우주의 에너지가 합일이 되어 우리 모두가 지금 존재하고 있는 것이다. 확률로 따지면 거의 희박한 일을 우리가 창조해낸 것이다. 우리가 세상에 존재하고 있다는 자체만으로도 기적인 셈이다. 그렇다면 우리의 내면에는 무궁무진하게 무언가를 창조해낼 수 있는 능력이 잠재되어 있지 않을까.

우리는 모두 잠재능력을 갖고 있다. 하지만 스스로 그 능력을 믿지 못하거나 모르고 살고 있다. 누군가가 해냈다면 그 말은 즉, 나도 분명히 해낼 수 있는 능력이 있다는 증거다. 내가 그 일을 하지 못하고 있다면 단지 내가 하고 싶은 마음이 없다는 뜻이다.

나의 잠재능력을 발견해보려면 먼저 앞서 성공한 사람들의 길을 엿보고 그 분들의 지혜와 습관, 의식을 따라 해보는 것도 하나의 방법이다. 어렸을 때 왜 위인전을 보아야 하는지 이제야 이해가 된다. 그분들의 삶을 통해 간접적으로 경험을 할 수 있다. 우리는 경험이 부족하기 때문에 내가 경험한 것이 전부라고 착각하고 있다. 그리고 그 안에서만 안정적으로 살아가기를 원한다. 에고는 안정적이고 익숙한 것을 좋아하기 때문이다.

우리가 실제로 '김치'라는 음식을 떠올렸을 때 이미 뇌 속에 먹어본 기억이 있기 때문에 그 맛의 선호도를 말할 수 있다. 하지만 '아란치니'라는 이탈리안 음식을 떠올려보라고 했을 때 한 번도 먹어보지 않은 사람이라면 그게 음식인지조차도 모를 수 있다. 경험해보지 않았기 때문에 아예 뇌 속 정보에 없는 것이다. 그래서 먹고 싶은 마음조차 생기지 않는다. 이를 통해 경험이 부족한 사람일수록 무언가를 해보고 싶은 마음조차 일어나지 않는다는 사실을 알 수 있다. 하지만 우리는 성장해나갈 때 행복을 느낀다. 그것이 진짜 내 안의 영혼이 원하는 것이기 때문이다. 그렇다면 최대한 많은 경험을 하는 것이 매우 중요하다. 하루 24시간은 모두에게 똑같이 주어진다. 이 소중한 하루를 나만의 기존 틀 안에서만 갇혀만 살아서는 너무 아깝지 않은가. 새로운 것에 도전하며 항상 배우는 자세로 임해야 한다.

내가 성장하기 위해서는 수많은 실수와 실패의 경험이 하나 둘씩 쌓여서 적립금이 모이듯이 모아졌을 때 하나의 성공이 탄생하는 것이다. 그렇다면 머릿속으로 생각만 하고 있다면 무엇이 이루어질 수 있을까. 행동하지 않으면 아무것도 이루어지지 않는다. 생각할 시간에 일단 무엇이라도 행동으로 도전해본다면 그 도전 속에서 실패가 만들어질 것이다. 무엇이든 처음 시도하는 일에는 실패가 있기 마련이다. 실패를 자주 경험하다 보면 그 실패 속에서 대처할 수 있는 방법을 스스로 고안해낼 수 있는 능력이 생기게 된다.

음식을 만들 때도 재료가 있어야 하나의 요리가 탄생하듯이 나의 실패 경험담은 맛있는 요리를 만들기 위한 재료가 될 것이다. 재료가 풍부할 수록 음식도 맛있게 감칠맛을 더 낼 수 있지 않을까. 하지만 행동하지 않는다면 재료가 없기 때문에 그 어떠한 것도 만들어질 수 없는 것이다.

　나에게 있어서 성공이란 매 순간 배우고 깨달음을 통해 자연스럽게 얻게 되는 결과에 불과하다고 생각한다. 실패와 성공은 떼려야 뗄 수 없는 관계이다. 바늘과 실이 늘 따라다니듯이 말이다. 이 세상에는 실패가 없는 성공은 존재하지 않는다. 어떠한 실패를 통해서 내가 성장했을 때 성공이 자동적으로 따라오는 것이 세상 이치다. 단지 정도의 차이만 있을 뿐이다. 탁구공이 바닥에 살짝 떨어졌을 때는 살짝만 튕겨져 올라온다. 하지만 탁구공을 세게 바닥에 내려쳤을 때는 그만큼 높이 위로 솟아오른다. 우리의 삶도 이와 같은 원리다. 실패하면 실패할수록 그만큼 내가 현실에 마주하는 문제보다 훨씬 커진다는 것을 명심해야 한다. 그러면 내 앞에 문제는 나보다 훨씬 작기 때문에 더 이상 아무런 문제가 되지 않는다. 내가 삶에서 더 많은 것을 배워서 성장하고 싶다면 큰 실패도 두려워하지 않게 된다. 이제부터 당신은 성공만을 바라는 사람이 아닌 실패를 기다리게 될 것이다.

　최근에 읽었던 책에서 '성공'이란 내가 태어나기 전보다 더 나은 세상을 만들어놓고 가는 것, 내가 이 세상 살아간 덕분에 단 한사람의 삶이라도 풍요로워지는 것, 나의 존재가치를 남기는 것이라고 한다. 성공적인 삶을 살기 위해 나의 어떤 재능이 이 세상을 이롭게 할 수 있을지를 끊임없이 연구해보지 않을 수가 없다. 이 세상에 나라는 존재는 위대하다. 그 위대함을 혼자 감추고 있지 말고 드러내어 빛을 발한다면 이 세상에 큰 보탬이 될 것이다.

3장
—

먹고 기도하고 사랑하라

01

먹고 기도하고
사랑하라

예전에 〈먹고 기도하고 사랑하라〉라는 라이언 머피 감독의 영화를 보고 감명받았던 기억이 난다. 내가 인생에서 무엇을 중요시하고 살아가고 있었는지를 스스로 돌아보게 해주었다. 매일 나는 무엇이 그리도 바빴을까. 끼니도 제때 해결하지 못하고 대충 때운다. '한 끼 정도는 괜찮겠지.' 하며 함부로 내 입에 아무거나 닥치는 대로 쑤셔 넣는다. 사랑하는 사람이 바로 옆에 있는데도 무시하고 말을 함부로 내뱉는다.

"왜? 할 말 있으면 빨리 얘기해." 오랜만에 걸려온 엄마 전화다.

"오늘 바쁘냐? 목소리 듣고 싶어서 전화했어!" 너무 바쁘고 정신없는 업무에 치여 지쳐 있었다. "아, 바빠 죽겠는데, 끊어!" 나도 모르게 뚝 끊어버렸다. 사실 바쁘다고 생각하는 것이 내 생각일 뿐이지 세상은 그냥 늘 자연스럽게 똑같이 흘러가고 있었다. 왜 스스로 바쁜 삶 속으로 가둬놓고 '나는 바쁜 사람'이라고 정의하고 살아가고 있었는지 모르겠다. 아무리 세상이 바쁘게 돌아간다고 해도 도대체 바쁘다는 기준이 무엇일까. 이제 '사람'이 중요한지 '일'이 중요한지도 헷갈린다. 무엇 때문에 내가 살고 있는지도 모르겠다. 삶의 목적과 수단이 완전히 뒤바뀌어버렸다.

대학시절 때부터 극도로 건강이 나빠졌다고 느끼기 시작했다. 그래서 항상 건강에 대한 관심이 많았다. 지금에 와서 돌아보면 사실 어렸을 때부터 몸은 좋지 않았던 것 같다. 먹으면 체하기 일쑤였다. 밥만 먹으면 배가 아파 바닥을 구르던 날이 하루 이틀이 아니었다. 한쪽 귀에는 고름이 계속 차서 고름을 빼내는 수술을 수차례 받았었다. 중이염으로 귀가 잘 들리지 않았다. 성인이 된 나는 그런 과거를 다 잊고 살았다. 워낙에 뛰어노는 것을 좋아했기에 건강하게 자란 모습만 기억에 남아 있었나 보다. 그리고 나는 지금 갑자기 질병이 찾아왔다고 착각했던 것이다. 나의 질병은 아주 오래전부터 묵어 있었다. 썩어서 곪아 있었던 것이 이제야 터진 것이다.

건강에 대해 관심이 많아지기 시작한 이후, 식단과 운동, 마음에 대해 공부하기 시작했다. 그러던 중 요가에 대해 조금 더 깊이 알고 싶었다. 몸을 이완시키기도 하지만 근육을 단단하게 만들어주기도 했다. 그러면서 호흡과 함께 나의 몸과 마음을 구석구석 들여다볼 수 있는 시간을 충분히 가질 수 있었다. 수련을 위해 몸을 가볍게 하는 것이 좋았다. 그래서 항상 건강하고 균형 잡힌 식재료를 찾아서 먹고 싶었다. 정신이 맑아지고 몸이 정화되고 있음을 느꼈다. 처음에는 요가를 운동과 다이어트 목적으로 시작하긴 했지만 사실 요가는 운동이 아닌 모든 '삶' 전체를 포함하고 있었다. 일반적으로 우리가 하는 요가의 동작, 즉 '아사나'는 요가의 한 일부에 불과했다. 요가는 기원전부터 시작된 아주 오래된 수행법이다. 단순히 동작만을 따라 하다가는 부상을 입을 수도 있는 위험한 동작들도 많다. 하지만 모든 동작들을 정확하게 이해하고 호흡과 함께 수행한다면 신체 구조에 아주 적합하고 알맞게 구성되어 있다. 매우 과학적인 시스템이다.

나는 사실 처음에는 아무것도 모르고 무작정 따라 하다가 부상을 여러 번 당했다. 손목에 통증이 오기 시작했다. 손가락에 마비가 왔다. 젓가락질을 할 수가 없을 정도로 힘이 들어가지 않았다. 목 디스크가 심하게 와서 팔의 신경까지 눌려버린 것이다. 동작의 완성을 목표로 두고 무리하게 내 몸을 혹사시킨 것이다. 모든지 나의 욕심에서 온 처참한 결과다. 어떠한 일을 할 때 욕심이 생겨버리면 그것이 나의 삶의 목적이 되어버린다. 어느 순간 목적과 수단이 바뀌게 된다.

나는 좀 더 깊이 있는 수련을 하고 싶은 마음에 무작정 인도로 떠나게 되었다. 3개월 동안 인도에 살면서 채식 위주의 가벼운 식사를 했다. 요기(요가를 하는 사람)들은 거의 채식 주의자다. 나는 채식주의자는 아니었지만 야채를 워낙 좋아했다. 단순히 고기가 먹고 싶지 않았다. 고기를 먹으면 오히려 몸이 무겁고 속이 더부룩했다. 채식을 할 때가 훨씬 몸이 가볍고 속이 편안함을 느꼈다. 오히려 더 건강함을 느꼈다. 근육도 빠지는 일은 없었다. 인도에 있는 동안만큼은 아파서 고통스러웠던 적은 없었다. 내가 살면서 가장 건강하고 행복하게 살았던 기간이라고 해도 무관할 정도다. 초반에 흔히 말하는 '물갈이'로 설사하면서 이틀 정도 고생을 하기는 했다.

인도는 길거리에 다양하고 신선한 야채와 과일이 풍부했다. 시장에서 직접 식재료를 사다가 요리해 먹을 수 있었다. 너무나도 행복했다. 그러한 음식들이 내 몸 속으로 들어올 때면 영혼이 춤을 추는 느낌이었다. 자연과 함께하는 이 모든 순간들이 즐거웠다. 가끔 사람들을 만나 식당에서 식사를 하고 나면 몸이 다시 무거워짐을 바로 느낄 수 있었다. 밖에서 요리된 음식들은 대부분 기름지고 양념이 많이 가미되어 있었다. 독소가 들어왔을 때 바로 신호를 보내주는 나의 몸이 너무나도 신기했다. 정화를 시키면 시킬수록 더 몸이 예민하게 반응했다. 더 깨끗해져가고 있는 느낌이었다. 우리가 흙탕물에 모래알 하나가 더 들어갔다고 해서 그것이 물을 흐린다고 생각하지는 않을 것이다. 그 정도쯤은 아무렇지 않게 넘어가줄 수 있을 것이다. 반면에 깨끗하게 먼지 한 톨도 없는 호텔방에 머리카락 하나만 바닥에 떨어져 있어도 더럽게 느껴지지 않는가. 깨끗하게 만들면 만들수록 우주는 더 깨끗함을 가져다주는 원리다.

어떤 사람은 인도에 가서 적응을 못해 고생했다고 한다. 물론 호화롭고 안락한 편의시설만을 기대하고 있는 사람이라면 충분히 실망할 수도 있을 것이다. 인도도 땅이 워낙 넓어서 지역마다 특색이 가지각색이다. 서울과 같은 도심에서는 웬만한 한국호텔보다 더 궁궐 같은 건물들이 많다. 하지만 정반대의 지역도 있다. 개인적으로 으리으리한 건물보다 자연과 가까운 분위기를 느껴보고 싶었다. 사실 나는 요가를 수행하러 갔기 때문에 지역의 선택권이 따로 있지는 않았다. 내가 배울 수 있는 요가 스승 즉, 구루가 계신 곳으로 찾아가야만 했기 때문이다. 처음 간 지역은 북부에 위치한 '리시케시'였다. 흔히 요가의 고장이라고 한다. 우리나라 1950~1960대의 배경과 비슷하게 느껴졌다. 길거리에서 소와 원숭이들을 만날 수 있었다.

세 살밖에 되어 보이지 않는 귀여운 꼬마아이가 엄마와 함께 길거리에 앉아 있었다. 배가 고팠는지 음식을 손으로 집어 입안으로 급하게 욱여넣고 있었다. 물론 나에게는 너무나도 익숙하지 않은 상황이었다. 그래서 처음에는 불쌍한 연민으로 그 아이를 쳐다보았다. 하지만 그 아이의 눈은 그 어떤 사람보다도 맑고 투명했다. 그리고 그 누구보다도 행복해 보였다.

그렇다. 그 아이를 불쌍하게 보는 것은 내 입장, 내 생각에 불과했다. 실제 세상은 절대 그런 존재가 아니었다. 내가 그 아이를 불쌍하다고 생각하는 것 자체가 그 아이를 내 밑으로 보겠다는 뜻임을 알아챘다. 나의 존재는 그 누구의 위에도 밑에도 있지 않다. 우리는 모두 하나다. 하나의 선상에 동등한 위치에 존재하고 있다. 우리는 모두 우주의 사랑 안에서 함께 공존하고 있었다.

나는 지금까지 몸을 치유하면서 내 몸을 살리기 위한 가장 중요한 핵심 3가지를 정리할 수 있었다. 우리 몸은 특별한 것을 요구하지 않았다.

1. 5대 영양소가 잘 갖춰진 균형 있는 식사를 한다. 내 몸이 원하는 음식들로 맛있게 잘 차려 먹는다. 음식을 먹고 나서도 몸에 불편감이 느껴지지 않는 음식을 스스로 찾아 먹는다.

2. 명상과 기도를 한다. 내 안에 있는 참 '나'를 만나 의식을 성장시켜야 한다. 지금까지 만나지 못했던 나의 자아를 발견했을 때 나의 삶이 크게 변할 것이다. 여기서 '기도'란 절대 종교적인 것이 아니다. 누군가에게 원하는 것을 달라고 애원하거나 구걸하는 것도 아니다. 우주는 나의 말을

알아듣지 못한다. 오로지 내가 지금 느끼고 있는 감정을 전달받을 뿐이다.

내가 풍요를 느끼면 풍요를 가져다준다. 결핍을 느끼면 결핍의 조건을 가져다준다. 내가 무언가를 간절히 원한다는 것은 이미 내가 결핍상태라는 것을 스스로 증명하고 있는 것이다. 내가 스스로 부족함을 느끼기 때문에 무언가를 원하고 있는 것이다. 나에게 이미 모든 것이 풍요롭게 주어졌음을 알아차려야 한다. 내가 모든 것을 가졌다면 이 모든 것을 주셨음에 감사하는 기도가 나올 것이다. 결핍을 느끼게 하는 '~해주세요.', '~원합니다.' 같은 기도는 또 다른 결핍 상태를 끌어당기게 될 것이다.

3. 아무런 조건이 붙지 않는 무조건적인 사랑을 해라. 내가 생각만 해도 가슴이 설레는 일을 해라. 내가 어떠한 일을 했을 때 나에게 돌아오는 수입이나 명예가 없어도 그 행위 자체만으로 행복하다면 그것이 바로 내가 사랑하는 일이다. 여기서 '사랑'이란 아무것도 바라지 않고 계속 주기만 해도 또 주고 싶은 마음이다.

이 3가지만 잘 지킨다면 모든 병은 자연스럽게 다 낫게 되어 있다. 여기서 적당한 운동까지 겸해준다면 당신의 몸과 마음은 새롭게 다시 태어날 것이다.

02

괜찮아,
다 괜찮아

나는 다른 사람보다 유난히도 경쟁심이 많은 아이였다. 누구보다도 지기를 싫어했다. 내가 질 것 같으면 애초에 도전조차도 하지 않고 포기해버렸다. 지는 것이 너무나도 싫었기 때문이다. 무조건 확실하게 정해진 승부에만 도전을 했다. 그리고 목숨 걸고 싸웠다. 만약 내가 노력한 만큼의 성과를 얻지 못하면 나는 세상 다 무너진 것처럼 억울했다. 감정이 폭발할 것만 같았다. 충분히 이길 수 있었던 상황이더라도 언제라도 예상치 못한 결과를 얻게 될 수 있다. 하지만 나는 모든 사실을 인정하기 싫었다. 그런 내 자신을 스스로 용서하지 못했다. 무조건 완벽한 모습으로 인정을 받아야만 했다. 어렸을 때부터 스스로에게 채찍질하는 것에만 너무 익숙해져 있었다. 도대체 나는 왜 이렇게 스스로를 달달 볶지 못해서 안달일까.

학창시절, 공부랑은 거리가 멀었다. 수학 시험에서 30점을 받았다. 이래서 되겠냐는 엄마의 한숨 소리에 기분이 좋지 않았다. 사실, 엄마가 기분이 안 좋으면 나는 더 괴로웠다.

어떻게든 엄마를 만족시키고 싶었다. 커닝을 해서라도 높은 점수를 받아 엄마를 기쁘게 해드리고 싶었다. 그래서 다음 시험에서는 열심히 노력한 끝에 60점이라는 점수를 겨우 받아낼 수 있었다. 생각보다 높은 점수는 아니었지만 지난 번 시험에 비해 많이 올랐다고 나름 생각했다. '이 점수로 엄마가 만족하실까?', '아직 많이 부족하겠지?' 나는 걱정 반, 기대 반으로 집으로 향했다.

"이번 수학 시험은 어떻게 됐어?" 엄마는 여지없이 나를 보자마자 시험 점수부터 물어보셨다. "저번보다 많이 올랐긴 했어…." 나는 답했다. 나는 차마 점수를 입으로 말하지는 못했다. 그리고선 시험지를 쓱 보여드렸다. 잠시 정적이 흘렀다. 그리고 엄마는 한마디를 던지셨다. "다음엔 80점 한번 받아보자. 80점 정도는 받아야 잘했다고 하는 거지." 나는 또 풀이 죽었다.

그렇게 끊임없이 나를 완벽한 존재로 만들기 위해 지금껏 노력해왔던 것 같다. 항상 누군가로부터 인정을 받음으로써 나의 행복이 좌지우지되고 있었다. 언제나 외부로부터 나의 행복을 채우고자 노력했던 것이다. 내가 진정으로 무엇을 원하는지조차 몰랐다. 내가 원하는 것을 하면서 살 수 있는 존재라는 것도 인지하지 못하고 살았다. 그저 타인에게 인정받기 위해 그에 따른 노력을 해야만 했다. 이러한 나의 생각이 무의식에 당연한 습관처럼 굳어져 있었다.

물론 스스로를 계속 발전시키고 성장하는 것은 중요하다. 하지만 현재에 있는 그대로의 내 존재 자체로 인정받지 못한 채 계속 앞으로 나아가기만을 바란다면 나의 영혼은 에너지를 얻을 수가 없게 된다. 나의 부족함을 있는 그대로 인정할 줄 알아야 한다. 나의 존재만으로도 이 세상의 큰 보물이라는 것을 깨달아야 한다. 지금은 누구나 부족할 수 있다. 인간은 미완성이기 때문이다. 이 자체를 인정해주어야 한다. 완벽하지 않아도 괜찮다고 다음에 더 노력하면 나도 분명히 잘할 수 있을 거라는 믿음과 확신을 주어야 한다. 그렇게 스스로 다독이는 법을 하나씩 배워나가야 한다.

아침부터 속이 좋지 않았다. 조퇴하고 싶었다. 식은땀을 흘리는 것 같았다. 옆에 동료는 나를 보고 괜찮냐고 묻는다. 마음 같아서는 너무 아파서 잠시 쉬어야겠다고 말하고 싶었다. 하지만 나는 순간 내 감정을 숨기느라 정신없었다. 항상 완벽하고 좋은 면만을 보여야만 했다. "네, 그럼요. 끄떡없어요. 괜찮아요!" 나는 늘 괜찮지 않아도 겉으로는 괜찮아야만 했다. 나를 감추기 위한 진정성 없는 거짓말은 아무 거리낌 없이 잘도 한다. 전혀 괜찮아 보이지 않는데도 뭐가 그렇게 괜찮은지 알다가도 모를 일이다.

나는 지금껏 나를 대하는 방식으로 세상도 똑같이 대하며 살아왔던 것이었다. 나는 아니라고 생각했다. 왜냐하면 나는 오히려 나를 사랑하는 것이 나만을 위해 사는 것이라고 착각했다. 이기적인 것이라고 생각했다. 그래서 오히려 나의 존재를 무시했다. 스스로를 희생하고 상대만을 위하는 것이 사랑이라고 착각하며 살아왔다.

내 안에 진짜 '나'의 영혼은 계속해서 괜찮지 않다고 울부짖고 있었다. 나의 영혼은 주인을 잘못 만나서 불행하게 살고 있었던 것이다. 마치 갓난아이가 배고프다고 울고 있는데 밥은 줄 생각도 않고 오히려 시끄럽다며 아이의 입을 틀어막고 있는 상황인 셈이다. 내 영혼이 솔직하게 표현될 수 있는 기회조차 주지 않았던 것이다. 진정으로 사랑해주어야 할 나에게 너무나도 각박하게 대했던 내 자신에게 너무나도 미안했다.

'많이 아프지. 그래! 그럴 수 있어. 아플 때는 충분히 아파도 돼. 괜찮아. 지금 아픈 건 당연한 거야. 네가 아픈 건 절대 나쁜 게 아니야.'라고 스스로를 다독여본 적이 한 번도 없었다. 타인에게 거짓으로 포장된 나의 좋은 모습이 비춰진다고 치자. 그래서 결국 나에게 남는 것은 무엇일까. 그리고 여기서 나에게 '좋은 모습'이란 무엇을 말하는 것일까? 항상 웃는 모습, 늘 지치지 않는 모습, 늘 에너지가 넘치는 모습…. 나에게는 이미 에너지가 고갈되어 있는데 이를 억지로 끌어올리려니 내 영혼은 얼마나 힘들었을까. 기름 없는 자동차를 억지로 밀고 있었다. 차는 힘겹게 질질 끌려가고 있었다.

  명상을 시작한 이후, 나는 오로지 나를 사랑하는 데 집중하기 시작했다. 내 안의 사랑을 채워주기 위해 나의 행복을 가장 우선순위로 두었다. 그 누구도 의식하지 않으려고 애썼다. 오로지 나의 내면만 바라보았다. 사실 나의 내면만 바라보기 시작한 이후로는 나를 돌아보느라 정신없었다. 남을 의식할 시간조차도 없었다. 내가 무엇을 할 때 행복한지, 내가 어떤 것을 좋아하는지 차근차근 나에 대해 알아갔다.
  신기하게도 나의 행복으로부터 에너지가 점점 채워지기 시작했다. 그 누구의 눈치도 보지 않고 인정받으려고도 하지 않았다. 그저 무엇이든 나의 행복을 위해 도전하고 행동했다. 나에게도 풍요로움이 느껴졌다. 그리고 그 넘치는 에너지로부터 자연스럽게 세상을 사랑으로 바라보게 되었다. 내가 사랑을 주려고 애쓰지 않아도 세상이 온통 사랑으로 보이기 시작했다. 나의 몸을 소중히 대하듯이 세상도 나의 몸과 똑같이 하나로 느껴지기 시작했다. 모든 사람들이 한 명 한 명 소중하게 느껴졌다.

그들도 나와 같이 행복했으면 좋겠다고 생각했다. 무엇하나 억지로 내 마음을 만들어내지 않고 그냥 있는 그대로 자연스럽게 물 흐르듯이 흘러갔다. 나에게 애초에 없었던 사랑을 상대에게 억지로 만들어준다는 말 자체가 이치에 맞지 않았다. 지금 돌아보면 당연한 세상의 순리였다. 당연한 것도 깨닫지 못했을 때는 그 어떤 것도 보이지도 들리지도 않는다.

내가 과거에 세상에 대해 불신과 미움이 가득 찼던 이유를 알게 되었던 순간이다. 지나가던 개가 짖기만 해도 짜증이 솟구쳤다. 떨어지는 낙엽만 봐도 화가 났다. 나는 그렇게 부정적이기만 한 나의 모습이 또 마음에 들지 않았다. 다 싫었다.

나의 영혼은 사랑이 고팠던 것이었다. 자신을 좀 돌보아달라고 주인에게 신호를 보내고 있는 것이었다. 만약 자신의 의도와 상관없이 늘 부정적인 생각이 끊이지 않는가. 그냥 세상이 이유 없이 싫은가. 모든 것이 귀찮고 사는 게 고통스러운가. 그렇다면 지금 당장 스스로를 돌보아주어야 할 때다. 그리고 풍만한 사랑으로 가득 채워주어야 한다. 지금 내 안에 영혼이 너무나도 고통스럽게 병들어가고 있다는 증거다.

빚쟁이에게 신용카드를 발급해주는 은행은 없다. 갚을 돈이 없는 것을 뻔히 알고 있는데 어찌 은행이 그 사람을 믿을 수 있겠는가. 사랑도 마찬가지다. 내가 사랑이 결핍되어 있는 사람이라면 사랑이 채워지기까지는 사랑이 절대 찾아올 수 없는 것이다. 사랑을 억지로 만들어내는 것은 더 말도 안 되는 일이다. 그렇다면 지금 가장 시급하게 해야 할 일이 무엇일까. 스스로 내면의 사랑을 채워주는 것이다. 자기 자신의 있는 그대로를 존중해주어야 한다. 나의 모든 모습은 그 자체로 아름답다. 이 세상 모든 만물은 이 세상을 이롭게 하려고 태어났다. 우리 각자는 위대한 능력을 갖고 있고 그 능력을 마음껏 펼치며 살아가야 한다. 아직 그 존재의 중요성을 깨닫지 못했을 뿐이다.

내가 진정으로 원하는 것을 했을 때 비로소 나의 에너지가 채워지고 영혼이 숨을 쉬기 시작한다. 나는 더 이상 이 세상에서 무시되어야 할 존재가 아니다. 있는 그대로를 안아주고 수용해주어야 할 대상이다. 오늘부터 스스로에게 외쳐보자.

"괜찮아, 다 괜찮아!"

03

나는 완벽하지 않음을
인정해야 한다

　첫 요가수업, 거울에 비친 나의 모습이 어색하기만 하다. 애써 아무렇지도 않은 듯 매트 위에 앉았다. 나 빼고 전부 기존회원들인 것 같았다. 익숙한 동작들로 자연스럽게 몸을 풀고 있었다. 나는 내 몸이 뻣뻣함을 알고 있었다. 갑자기 사람들과 나를 비교하기 시작하더니 의욕을 잃어버렸다. 그래도 이왕 왔으니 일단 시작해본다. 동작을 해보려고 안간힘을 쓰기 시작했다. 호흡이 가장 중요하다는 선생님의 말은 한 귀로 듣고 한 귀로 흘렸다. 오로지 동작을 완성시키는 데만 집중했다. 결국 호흡을 너무 참았는지 멀미가 나기 시작했다. 살갗이 찢어질 듯한 처음 느껴보는 통증에 적응이 되지 않았다. 빨리 벗어나고 싶었다. 15초 동안 버텨야 한다는 데 어지럽고 토할 것만 같았다. 너무나도 창피했다. 모든 동작을 소화하지 못한 내가 너무나도 쭈글쭈글해보였다. 그런 내 자신을 인정하기가 싫었다.

    태어나자마자 두 발로 뛰어다니는 사람은 이 세상에 단 한 명도 존재하지 않는다. 갓 태어난 아기는 천장만 보고 누워 있다. 그리고 뒤집기를 해낸다. 차츰 기어다니기 시작한다. 그 다음 걸음마를 시작한다. 이 과정은 어느 누구를 막론하고 겪게 되는 당연한 일이다. 꽃도 마찬가지다. 처음에는 작은 씨앗에서 새싹이 나온다. 줄기가 차츰 나오기 시작한다. 작은 잎이 점점 커진다. 봉우리가 맺히고 난 후, 그때서야 꽃이 피게 되는 것이다. 이것이 당연한 세상의 이치라는 걸 모르는 사람은 없을 것이다. 그런데도 왜 나는 항상 멋지게 완성된 결과만을 바라고 살았을까. 나의 시행착오를 통해 돌아본 결과, 나는 이제껏 과정을 겪으려하지 않았다. 늘 처음부터 완벽하기만을 바라왔다. 언제나 결과만을 빨리 얻고 싶어 했다. 그 완벽하지 않는 과정에서 발견되는 못난 내 자신을 사랑하지 못했다.

    지금 넘어진 것은 실패가 아니었다. 넘어져서 일어나지 못하는 것이 실패다. 내가 바로 '오뚝이'처럼 일어나 다시 도전하고 성장한다면 그것은 더 이상 실패가 아닌 성공인 것이다. 모든 완성품은 미완성에서 탄생한다.

지금은 절대 무엇을 하든 억지로 하지 않는다. 요가 동작을 할 때에도 잘 되지 않으면 호흡에 먼저 집중한다. 나의 내면과의 만남에 먼저 초점을 둔다. 통증이 느껴지면 느껴지는 대로 저항하지 않는다. 그 자체 있는 그대로 바라볼 수 있게 되었다. '아, 이럴 때는 이런 느낌이구나. 이것도 지나가겠지. 오늘은 컨디션이 좋지 않네. 그럴 수 있어. 괜찮아! 그런 날도 있는 거지. 다음에 다시 하면 되니까.'라고 스스로 위안하기 시작했다. 그러자 통증은 서서히 사라졌다. 꽉 붙잡고 있었던 근육이 한순간에 풀어져버렸다. 동작은 나도 모르게 완성되어 있었다. 오히려 예전에 그렇게 집착했던 동작들이 나에게 아무런 영향을 미치지 않았다. 동작이 잘 되든 안 되든 나에게 아무런 영향을 끼치지 않았다. 동작은 오로지 나를 돌아 보기 위한 하나의 수단에 불과했다. 동작으로부터 오는 느낌 그 자체를 받아들이기 시작했다. 내 안의 충만한 에너지로 풍요로움을 만끽하고 있었다. 충분히 이완된 나의 몸과 마음을 그지없이 평온함으로 즐기고 있었다.

나도 이 모든 것을 깨닫는 데 꽤 오랜 시간이 걸렸다. 명상을 시작한 지 5년 정도 됐을 때쯤이었다. 반복되는 질병의 재발로 인해 몸으로 통증을 심하게 느끼고 있었다. 나는 계속 반복되는 질병에 지쳐 있었다. 이유가 분명히 있을 거라고 생각했다. 일어나는 데 이유가 다 있다. 하지만 이것이 반복된다는 것은 내가 여기서 매번 깨닫지 못하고 그냥 지나쳐버리기 때문이라는 것을 알게 되었다. 하지만 그것이 무엇인지를 인지하지 못했다. 너무나도 답답했다. 나는 계속해서 내 자신과 소통을 하기 시작했다. 그리고 무엇이 잘못 되었는지 꼭 찾아내고 싶었다. 명상으로 스스로를 사유하는 데 많은 시간을 할애했다.

나는 심한 완벽주의자였다. 완벽하지도 못하면서 완벽한 척을 하며 살아온 사람이었다. 내가 스스로 부족한 사람이라는 것을 받아들이지 못했다. 그래서 매번 잘나 보이기 위해 고군분투를 했던 것이다. 실제의 나의 모습을 포장하며 감추기 바빴다.

거기서부터 문제는 시작되었다. 나는 과거에 운동을 좋아했던 필라테스 강사였다. 과거의 나를 내려놓지 못하고 여전히 과거에 살고 있었다. 나는 아직도 건강한 사람이라고 믿고 싶었나 보다. 하지만 아무 것도 할 수 없는 나 자신을 발견했다. 그런 나 자신이 부끄러웠다. 숨기고 싶었다. 그래서 나는 항상 누군가 나의 건강상태를 물어보면 건강하게 잘 살고 있다며 태연한 척 이야기하곤 했다. 누군가가 엄마한테 나에 대해서 물으면 엄마는 "지금은 아직 치료 중이지."라고 사실대로 말하셨다. 나는 그럴 때마다 버럭 화를 내곤 했다. "나 아프다고 말하지 말랬잖아!" 나는 내 상황을 숨기고 싶은 마음에 극도로 예민했던 것이었다.

어차피 모든 것에는 영원한 것이 없다. 잠깐의 지금 이 순간의 과정을 거치고 나면 나는 분명히 건강해져 있을 텐데 그 순간만큼은 모든 것이 영원할 것만 같았다. 지금 당장 아픈 과정을 겪고 있는 그 시간을 견딜 수가 없었다. 그리고 내가 환자라는 게 누군가에게 알려지는 것은 너무나도 창피하고 괴로운 일이었다.

우리는 누구나 살면서 어려움을 겪게 된다. 각자 정도의 차이가 있을 뿐이다. 그 어려움이 존재하는 이유가 있다는 것을 항상 명심해야 한다. 나는 이 어려움을 통해 세상으로부터 큰 선물을 받았다. 끊임없이 내 자신을 돌아볼 수 있었던 시간을 허락해주셨던 것이다. 그리고 마침내 투병생활을 통해 수용이라는 큰 깨달음을 얻게 된 것이다. 이것이 세상이 나에게 전하고자했던 메시지였다. 이것만은 꼭 명심해보자! 고난 속에는 반드시 큰 보물이 숨어 있다는 것을.

그 이후로 나는 나의 모든 면을 사랑하기 시작했다. 그때부터 본격적인 '삶의 여정'이라는 게임에 합류할 수 있게 되었다. '나'라는 사람을 드라마 속 주인공이라고 생각하고 드라마 보듯이 관찰하는 것이다. 우리는 각자만의 생각 속에 갇혀 살기 때문에 세상을 객관적으로 바라보지 못한다. 하지만 세상은 있는 그대로 존재할 뿐이다. 나의 주관적인 생각만 거둬낸다면 얼마든지 문제를 지혜롭게 해결해낼 수 있다.

어떤 문제에 부딪혔을 때 그 문제가 생긴 현상은 중요하지 않다. 그 문제를 객관적으로 바라보고 그 문제로부터 무엇을 배울 수 있는지 자문해보아야 한다. 그러면 스스로 그 문제를 어떻게 해결할 것인지에 대한 지혜가 나올 것이다.

자신의 몸속에 암세포가 있다는 사실을 알게 되었다고 가정해보자. 이를 그냥 가지고 살기를 원하는가. 아니면 그 암세포가 정확하게 어디에 있는지를 찾아내어 이를 제거하고 건강하게 살기를 원하는가. 예전에 나는 그냥 덮어버리기 일쑤였다. 보는 것 자체가 괴롭기 때문에 없는 척하고 살아온 것이다. 그 잠깐은 멀쩡해 보일 수 있다. 하지만 안에서 상처는 곪아 터지고 있었다. 이제는 더 이상 덮어두지 않기로 했다. 덮어놓고 멀쩡한 사람인 척 살지 않을 것이다. 나는 암세포를 가지고 있다는 사실을 있는 그대로 당당하게 드러낼 것이다. 물론 처음엔 용기가 필요했다. 하지만 그것이 곧 모두를 위한 일임을 알게 되었다. 그리고 이것을 없애는 방법을 배우기 시작했다. 도움이 필요하면 언제든지 요청하면 된다. 세상이 도와주지 않는다고 생각하는 것은 나의 오해였다. 내가 애초에 도움을 요청하지 않았던 것이었다. 항상 세상은 내가 원하는 것을 원하고 있다는 사실을 깨달아야 한다.

인간은 원래 완벽할 수 없다는 사실부터 수용해야 한다. 나의 불완전함을 인정하면서부터 완전함이 시작된다. 의도하지 않아도 자연스럽게 완벽함이 창조되기 시작할 것이다. 나의 부족한 점을 찾아내고 발견했다면 반은 성공한 것이다. 이제부터 노력만 한다면 누구나 완전해질 수 있다는 것을 믿어야 한다. 그리고 그에 따른 행동을 하면 된다. 나의 불완전함이 완전해질 수 있는 인생 여정을 즐기기만 하면 되는 것이다.

　현재 완벽하지 않는 모습은 전혀 중요하지 않다. 내가 불완전한 사람임을 알아차리고 이를 숨김없이 드러내야 한다. 내가 잘못한 것을 인정해야 이를 개선할 수가 있는 것이다. 내가 스스로 잘났다고 하며 이를 깨닫지 못하면 발전할 수 있는 기회조차 잃어버리는 것이다. 이러한 나의 불완전한 모습을 인정했다면 이제 불완전 속에서 완전한 모습이 되기 위해 스스로 변해보겠다고 마음만 먹으면 된다. 충분히 마음의 준비가 되었는가. 그렇다면 이제 나의 눈에 CCTV를 장착해보자. 더 이상 타인이 아닌 내 안의 나를 24시간 들여다볼 수 있는 최고급 성능이 장착된 것으로 말이다.

크게 아플수록
크게 성장한다

기하급수적으로 불어나기 시작한 몸은 30kg 가까이 늘어나 있었다. 몸을 스스로 가눌 수가 없었다. 잠을 자고 일어나야 하는데 불어난 몸이 나를 짓누르고 있었다. 혼자서는 일어나지 못해 엄마를 불렀다. 손을 끌어당겨주어야 겨우 몸을 일으킬 수 있었다. 나는 마치 허우적거리고 있는 뒤집힌 벌레 같았다. 새벽에는 기침으로 잠을 잘 수가 없었다. 가래가 기도를 막고 있어 숨이 쉬어지지 않았다. 호흡기를 써야만 겨우 숨구멍을 찾을 수가 있었다. 몸에는 온통 두드러기가 나 전신이 붉게 달아올랐다. 가려운 정도를 지나쳐서 몸이 뜨거워지기 시작했다. 한 여름에는 특히나 몸이 불속으로 타들어가는 것 같았다. 식도염으로 목구멍에는 신물이 하루에도 수십 번씩 올라왔다. 목구멍을 누가 칼로 찢는 것 같았다. 장기들은 다 고장이 났다. 하루 종일 부글거린다. 가스가 잔뜩 차서 배출을 시키지 못했다. 하루 종일 누워서 배를 움켜잡고 있어야 했다.

자잘한 증상들까지 말하자면 끝도 없을 것 같다. 7년간의 투병생활이 내 인생에 있어서 가장 큰 고비였다. 나를 너무나도 힘들게 만들었기 때문이다. 이렇게 힘든 상황을 겪고 나니 일상생활에서 평소에 당연하게 생각되었던 모든 것들에 감사하기 시작했다. 살짝 긁히거나 잠깐 불편할 정도의 통증은 나에게 더 이상 아무 일도 아닌 일이 되었다. 웬만한 문제는 그냥 가볍게 넘길 수 있는 힘이 생겼다. 이 시기가 내 인생에서 나를 가장 성장시켜준 값진 시간이라고 자신 있게 말할 수 있다. 그 순간은 누구나 죽을 것 같지만 지나고 나면 커져 있는 내 모습을 발견하게 될 것이다.

어떠한 극한 상황에 이르렀다는 것은 다시 평온한 상태로 돌아가겠다는 신호다. 더 이상 올라갈 곳이 없기 때문에 다시 내려오게 되어 있다. 가장 힘들 때, 가장 어두울 때, 가장 괴로울 때가 바로 성공이 코 앞에 다다른 때이다. 해가 중천에 떴다는 말은 해가 지기 시작한다는 의미이다. 실패했다는 것은 이제부터 성공이 시작된다는 말을 의미한다. 항상 모든 것은 올라가는 것이 있으면 내려가는 것이 있다. 그것이 삶의 이치다.

　사실 모든 선택에 있어서 따라오는 결과에는 좋고, 나쁨 또는 성공과 실패라는 것도 없는 것이다. 그냥 그 자체로 하나의 경험이 되는 것이다. 그 경험을 경험 자체로만 본다면 결국 나에게는 모두 이로운 것이다. '실패다.', '성공이다.'라고 정의하는 것 자체가 나의 주관적인 해석일 뿐이다. 그 결과는 단지 내 삶에 있어서 경험이 하나 추가된 것이다. 그래서 A를 선택하든 B를 선택하든 내가 도달하고자 하는 목적지만 동일하다면 그 과정은 하나의 옵션에 불과하다. 내가 제주도를 가는 데 비행기를 타던 배를 타던 그것은 중요하지 않다. 배를 탔다고 해서 실패고, 비행기를 탔다고 해서 성공한 것이라고 말할 수 있는가.

　절대 내 관념으로 성공했다고 해서 거만해지거나 실패했다고 좌절할 필요가 없다. 결과는 단순히 현재 보이는 상황일 뿐 그 상황에 연연할 필요가 없다. 지금 현재의 나의 모습은 미래에 또 다른 나의 과거 속 추억으로 남겨질 뿐이다. 내가 모든 상황 속에서 딛고 일어나 계속해서 앞으로 나아가기만 한다면 그 과거에 있었던 나는 지금 이 순간 더 이상 존재하지 않는다. 이 말인즉, 지금 현재에 존재하고 있는 '나'도 미래에는 존재하지 않게 된다는 의미다. 모든 것은 영원하지 않고 지나간다. 그렇다면 이 사라지는 모든 상황 속에서 단지 내가 해야 할 것은 '이를 통해 내가 무엇을 배울 수 있을까.'라고 매순간 고민해본다면 모든 것이 해결될 것이다.

미래를 잘 볼 줄 아는 사람만이 투자에 성공할 수 있는 것일까? 그렇다면 모든 점쟁이는 하나같이 성공했을까? 사람들은 주식을 할 때에도 어느 회사의 주가가 오르고 내릴지를 자신들이 판단을 한다. 이는 아주 위험한 결과를 초래한다. 미래는 그 누구도 예측할 수 없다. 이를 미리 예측하고 분석한다는 것 자체가 말이 되지 않는다. 당장 1분 뒤에 무슨 일이 일어날지 그것은 아무도 알 수가 없는 것이다. 부자들도 물론 손해를 볼 때가 있다. 하지만 손해 보지 않기 위해 일어나지도 않은 상황들을 머리 싸매고 그래프를 분석하느라 시간을 허비하는 것이 아니다. 그래봤자 미래는 나의 생각과 전혀 다르게 설계될 테니까 말이다. 하지만 비결은 여기에 숨어 있다. 남들보다 최소한으로 잃고 최대한의 수익을 창출하기 위해 지금 현재 일어나고 있는 주가변동 상황에서 현명하게 대처하는 방법을 끊임없이 연구한다. 우리가 변화시킬 수 없는 상황을 수용한다. 자신이 해결할 수 없는 일은 빨리 받아들여야 한다. 그리고 자신이 처한 위치에서 할 수 있는 방법만 생각해내는 것이다.

미래가 두려워 점쟁이를 찾아가거나 나에게 지금 일어나고 있는 일을 신에게 하소연하며 투정을 부릴 것이 아니라 미래에 다가오는 어떠한 상황에서도 내가 극복하고 일어날 수 있는 힘을 키워나가는 것이 중요하다. 나를 가장 성장시켜주는 것은 내가 지금 가장 힘들어하고 있는 상황이라는 것이다. 우리 각자 안에는 거짓인 '에고'와 참인 '영혼'이 함께 존재한다. 에고는 원래 익숙한 것을 좋아한다. 그래서 지금까지 내가 해왔던 오래된 습관을 바꾸지 못하는 이유가 이 에고 때문이다. 무언가를 새롭게 시도하려고 할 때 몸은 마음처럼 쉽게 움직이지 않는다. 운동을 싫어하는 사람은 당장 몸을 일으켜 밖으로 나가는 일이 죽기보다 힘들 수도 있다. 하지만 잠시라도 가만히 못 있는 활동적인 사람이라면 조용한 곳에서 가만히 명상하며 앉아 있는 것이 괴로울 수도 있다.

나는 상대가 나에 대해서 긍정적으로 반응하지 않으면 유난히도 기분이 나빠지고 귀에 거슬렸다. 상대는 어차피 자기의 생각을 이야기하는 것인데도 나는 이상하게 나를 공격한다고 생각했다. "야, 너는 근데 왜 그렇게 언성을 높이면서 말을 하냐. 좀 부드럽게 이야기해봐." 나는 흥분했을 때 목소리 톤이 올라가는 습관을 가지고 있다. 나도 잘 알고 있었다. 하필 상대가 콕 집어 말하니 기분이 나빴다. 나의 목소리에 대해 긍정적인 반응이 아니었기 때문이다.

나는 상대의 말에 수긍을 하고 조금 낮추어 이야기 했더라면 상황이 아무렇지 않게 마무리 될 수 있었다. 하지만 수긍할 수 없었다. 온갖 부정적인 감정들이 올라왔다. "그럼 도대체 어떻게 말해야 되는데요? 또 작게 말하면 안 들린다고 할 거잖아요? 도대체 맞출 수가 없어!" 나는 감정이 섞인 말투로 내뱉었다. 상대도 나의 말이 기분 좋게 들릴 리가 없다. "뭐야? 말을 꼭 그렇게밖에 못해?"라며 서로 쓸데없이 말꼬리를 잡기 시작했다.

　서로 쓸데없는 에너지를 낭비하고 있었다. '나는 왜 항상 모두가 나에 대해 긍정적으로 반응해야 한다고 생각했을까?' 상대방은 전혀 나를 공격할 생각이 없었다. 하지만 '상대가 나를 공격한다.'라고 스스로 판단하고 있었던 나의 생각이 잘못되었던 것이었다. 나만 가지고 있는 이 쓸데없는 생각이 나의 무의식을 지배하고 있었다. 이것만 없애버릴 수 있다면 나는 타인의 말에 의해 더 이상 내 감정이 흔들리지 않을 것이라고 생각했다. 나는 하루에도 수십 번씩 오르락내리락 하는 나의 감정의 노예로 살고 싶지 않았다. 너무 괴로웠다. 나는 이를 벗어나게 해줄 수 있는 유일한 방법이 명상이라고 생각했다. 명상을 통해 충분한 시간을 갖고 나를 끊임없이 돌아보았다. 이미 나의 부정적인 생각들은 무의식에 깊이 잠재되어 있었다. 처음에는 명상을 하는 과정에서도 수많은 시행착오가 있었다. 그래서 이와 비슷한 상황들을 여러 번 겪은 후에야 벗어날 수 있었다. 하지만 그러한 시행착오가 지금의 나를 완성시켜줄 수 있었다.

　어떤 상황이 나에게 왔을 때 내 마음이 불편하다는 것은 나의 결점이 발견되었다는 뜻이다. 이것이 내가 성장할 수 있는 좋은 기회임을 알아차려야 한다. 이를 알아차리기 위해 나의 결점을 수용하고 인정해야 한다. 하지만 처음에는 누구나 그 사실을 인정하고 싶지 않다. 그래서 저항하기 시작한다. 이미 감정에 푹 빠져버렸을 때는 아무것도 보이지 않는다. 그냥 에고가 말하고 있는 부정적인 감정에 끌려가버렸기 때문이다. 수많은 시행착오와 경험을 통해서 의식이 변하게 된다. 무엇이든 한 번에 되지 않는다. 문제가 어려울수록 더 많은 시간과 노력을 투자해야 빛을 발하게 되는 법이다. 아플수록 불평하지 않고 오히려 감사하는 마음을 가져야 한다. 나를 더욱더 성장시켜주는 큰 보물이 될 것임을 알기에.

05

남들이 가지 않는 새로운
길을 가라

나는 궁금했다. 어떤 사람은 이 세상에 태어나 부를 만끽하면서 풍요롭게 살아간다. 반면에 누군가는 평생 열심히 일만 하다가 가난에 시달리며 산다. 과연 각자 하늘이 정해진 운명대로 사는 걸까. 그렇다면 나는 평생 이렇게 가난하게만 살아야 하는 걸까. 부자인 부모를 잘 만나지 못한 탓일까. 나는 항상 가난했다. 풍요롭지 못했다. 어렸을 때부터 보고 배운 거라고는 아끼고 못 쓰는 습관들뿐이었다. 그런 내 모습이 이제는 지긋지긋했다.

나는 나의 삶을 송두리째 바꾸고 싶었다. 나도 죽기 전에는 '부'라는 것이 무엇인지 한번 누려보고 싶었다. 부와 성공을 이룬 사람들에 관련된 책들을 읽기 시작했다. 하루에 수십 권에 이르는 책들을 읽고 또 읽었다. 도대체 상위 1%의 부자들은 어떤 길을 걸어갔기에 부자가 되었는지 알고 싶었다. 나는 한 달에 50권이 넘는 책들을 쌓아놓고 읽기 시작했다. 그리고 나는 그들만의 공통점을 찾아냈다. 성공할 수밖에 없었던 그들만의 비법을 발견해냈다. 분명한 것은 정해진 운명 같은 것은 없었다는 것이다. 자신들이 직접 만들어낸 것이었다. 그리고 내가 왜 이렇게밖에 살 수 없었는지 깨닫게 되었다. 나는 이를 알게 된 순간 희망을 갖게 되었다. 만약 정해진 운명대로만 살아가야 한다면 절망적이었을 것이다. 나의 노력이 아무런 소용이 없게 될 테니까 말이다. 나도 할 수 있다는 자신감이 생겼다. 나는 바로 나의 삶에 적용시키기로 했다. 나의 지난 과거를 모두 없애고 내가 그동안 모르고 있었던 새로운 방향으로 따라가고 싶었다. 시작했다. 그러자 나의 삶은 빠르게 변해가고 있었다.

첫째, 시간을 돈보다 중요시한다. 그들은 자신의 가치를 높이기 위해 그만한 투자를 한다. 자신을 발전시키기 위해 자신이 가지고 있는 모든 전 재산을 투자하더라도 아까워하지 않는다. 나를 성장시키는 것만큼 이 세상에 중요한 것은 없기 때문이다. 사라진 돈은 얼마든지 다시 벌 수 있다. 하지만 지나간 시간은 다시 되돌릴 수 없다. 눈에 보이는 돈보다 보이지 않는 시간에 더 많은 가치를 두고 행동한다면 삶은 점점 풍요로워 질 것이다.

둘째, 남을 주기 위한 공부를 한다. 항상 세상에게 어떤 도움을 줄 수 있는지를 연구한다. 누구라도 자신이 희생되거나 힘든 일을 겪고 싶어 하지 않는다. 하지만 진정한 성공자들은 다르다. 자신이 먼저 솔선수범 하여 먼저 경험하고 실패한다. 그리고 그 안에서 자신을 성장시킨다. 새 로운 시도에서 많은 시행착오를 겪게 된다. 그리고 세상 사람들은 조금 더 편리하고 쉽게 살 수 있도록 안내자 역할을 하는 것이다. 그러기 위해 서는 용기가 필요하다. 아무도 가지 않은 길을 개척하기 위해서다. 무엇 이든 도전하고 실패를 두려워하지 않는다면 발전된 자신의 능력으로 세 상 사람들을 도울 수 있게 된다. 자신의 존재가 누군가에게 도움이 될 때 영혼은 행복을 느끼게 된다. 누구라도 행복을 원한다. '부'도 자연스럽게 행복한 사람을 따르게 되는 것이다.

셋째, 사소함을 중요시 한다. 일상에서 그냥 무심코 지나칠 수 있는 기 본과 원칙을 중요시한다. 우리는 보통 당장 해야만 하는 큰 업무들만 중 요하다고 생각할 수 있다. 하지만 사실상 아주 사소한 행동들이 하루하 루 쌓여서 나를 변화시킬 수 있다. 예를 들어 하루 5분 스트레칭, 5분 명 상, 자기 전 감사일기, 긍정확언 등 사소하지만 아주 중요한 일들이다.

이러한 행동들이 나의 무의식을 바꿔놓는 데 많은 도움을 주었다. 나의 의식변화가 결국 모든 것을 바꾸어낸 원동력이 되었다.

인간은 숨을 쉬지 못하면 죽는다. 그래서 호흡이 매우 중요하다. 하지만 한 호흡마다 감사함을 온전히 느끼며 살기란 쉽지가 않다. 그만큼 일상에서 사소하지만 가장 중요한 것들에 대해 인지하지 못하고 있는 것이다. 우리는 눈에 보이지 않는 것의 가치를 발견해내야 한다.

넷째, 머뭇거릴 시간에 실패를 선택하라. 고민은 어떤 일을 저질렀기 때문에 생기기보다는 할까 말까 망설이는 데에서 많이 생긴다. 모든 일은 망설이기보다는 불완전한 상태로 시작하는 것이 더 빠르게 앞으로 나아갈 수 있다. 우유부단하게 우물쭈물하는 행동은 모든 성공과 실패를 결정짓는 요인이 되기도 한다.

"모든 것이 뒤죽박죽이다. 혼란을 즐기고 실패를 즐겨라. 빨리 실패하는 자가 빨리 성공한다. 그러므로 실패를 하라! 그것도 많이. 멋진 실패에 상을 주고 평범한 성공에 벌을 주어라. 평범한 성공보다는 멋진 실패가 훨씬 낫다."

– 톰 피터스

지금 당장 멋지게 성공하는 것보다 실패 속에서 크게 배우는 것이 인생에 더 큰 의미가 있는 것이다. 내가 앞으로 성장할 수 있는 것이 중요한 것이지 지금 당장의 성공은 아무런 의미가 없다. 거절과 실패를 즐길 줄 아는 사람만이 성공도 얻을 수 있는 것이다.

마지막으로 끝까지 믿고 인내하고 기다린다. 어떠한 절망적인 사건이 일어나도 절대 포기하지 않는다. 우리는 살아가면서 포기만 하지 않고 바로 일어날 수 있는 힘만 갖고 있으면 무엇이든 이루어낼 수 있다. KFC 창업자 커넬 할랜드 샌더스는 1,008번의 거절에도 굴하지 않고 1009번째 제안을 받아냈다고 한다. 그래서 지금의 KFC가 탄생하게 된 것이다. 그 당시 65세의 나이에 단돈 105달러로 세계적인 프랜차이즈를 일궈낸 분이다.

"훌륭한 생각을 하는 사람은 많지만 행동으로 옮기는 사람은 드물다. 나는 포기하지 않았다. 대신 무언가를 할 때마다 그 경험에서 배우고 다음번에는 더 잘할 수 있는 방법을 찾아냈다."

– 커넬 할랜드 샌더스

자신이 원하는 일을 하게 되면 인내를 갖고 될 때까지 할 수 있는 힘이 생긴다. 물론 지금 당장 원하는 일을 찾지 못했다고 해서 실망할 필요는 전혀 없다. 당장에 나타나지 않을 수 있다. 한두 번 생각한다고 바로 찾아지지 않을 수도 있다. 하지만 이를 찾는 데 할애하는 시간과 노력을 아끼지 말아야 한다. 내가 원하는 일을 하면 어떠한 일을 하더라도 절대 포기하는 일은 없게 될 테니까 말이다.

나는 내가 성공할 수 없었던 모든 원인이 세상이 아닌 스스로에게 있다는 것을 깨달았다. 무언가 일이 제대로 이루어지지 않는다면 혹시 내가 지금 잘못된 방향으로 가고 있지는 않은지 확인해보아야 한다. 그러기 위해 가장 먼저 해야 할 일은 나를 알아가는 것이다. 나를 돌아보는 최고의 방법은 명상이었다. 내 안의 나에게 끊임없이 질문을 하고 그 안에서 답을 찾아낼 수 있었다. 외부에서는 그 어떠한 해결책도 찾을 수 없었다. 그 누구도 나의 문제를 해결해주지 못했다. 나의 잘못된 행동은 나밖에 알 수가 없다. 스스로를 돌아보고 이를 알아차려 하나씩 개선시켜 나아가야 한다. 스스로를 믿고 따른다면 무조건 되는 방법만을 연구하게 된다.

우리는 사람들이 미친 짓이라고 하는 행동을 해야 한다. 사람들이 이미 좋다고 하고 실행하고 있는 것은 누군가가 벌써 그 길을 개척해내어 세상이 편리하고 이롭게 살 수 있도록 만들어놓았다는 뜻이다. 그 길을 뒤늦게 따라가기만 한다면 나는 주어진 혜택만 누리게 되는 것이다. 나는 오랜 기간 동안 치료를 하면서 스스로 내 몸을 가누지 못하는 상황들을 많이 겪게 되었다. 그러면서 가족을 포함한 모든 세상으로부터 수많은 도움을 받게 되었다는 사실을 알게 되었다. 아마 나 혼자였다면 지금 나는 이 세상에 존재하지 않을지도 모른다. 이제 더 이상 이렇게 받고만 있고 싶지 않았다.

지금까지 받은 것들에 감사하며 이제 나도 세상에 무언가를 내놓고 싶었다. 내가 세상에게 도움을 줄 수 있는 기회를 만들어내고 싶었다. 나는 질병을 극복하면서 많은 시행착오를 겪어내었다. 남들이 겪어보지 못한 경험을 할 수 있었다. 그 안에서 나를 발전시킬 수 있었다. 그리고 발전된 내가 세상에게 어떻게 이롭게 작용할 수 있을지 연구하고 또 연구하기 시작했다.

남들이 가지 않는 길을 가는 것, 길이 없는 곳으로 나아가 자신의 발자취를 남기는 것이 바로 창조주의 삶이다. 내가 원하는 길을 내가 직접 만들어가는 것이다. 자신의 삶을 스스로 창조할 수 있는 능력은 모두에게 있다. 하지만 이를 믿지 못하고 있을 뿐이다. 미래가 두려워서 점쟁이를 찾아 그 미래를 알려고 하지 말고 어떠한 미래가 오더라도 반갑게 마주하며 나아갈 수 있는 단단한 내 자신을 만들어나가는 것이 어떨까. 정해진 운명만을 알려주는 점쟁이가 아닌 내 안에 있는 나를 믿는다면 나의 미래는 내가 원하는 대로 펼쳐질 것이다.

이미 정해진 삶의 노예로 살 것인가, 아니면 죽기 전에 나만의 새로운 멋진 인생을 만들어볼 것인가. 나의 미래는 각자의 선택에 따라 달려 있다.

06

이미 이루어진 것처럼
살아라

이루고 싶은 꿈이 있는가. 그 꿈을 위해 무엇을 시도해보았는가. 예전에 나는 꿈도 많고 하고 싶은 것도 많은 사람이었다. 하지만 계속되는 질병의 재발로 인해 삶이 점점 피폐해져가기 시작했다. 희망도 없고 용기도 잃어버렸다. 이미 내 몸과 마음은 지칠 대로 지쳐버렸다. 앞으로 어떻게 살아가야 할지도 막막했다. 이렇게 약해빠진 몸뚱어리로 무슨 일을 하겠냐며 스스로 책망했다. 자신감이 점점 사라졌다. 오랫동안 사회생활을 못하고 혼자만 갇혀 살다 보니 세상과 소통하는 법도 잊어버렸다. 꿈을 꾼다는 것 자체가 나에게는 가당치도 않은 일이 되어버렸다. 삶이 너무나도 힘들었다. 내가 할 수 있는 모든 노력은 다 해보았다. 방법이라는 방법은 총동원해서 시도해보았다. 수많은 유튜브와 건강 관련 책들을 통해 모든 정보를 수집했다. 운동은 필수라고 생각했기에 매일 1시간 걷기는 기본이었다. 헬스장에 가서 처음으로 개인레슨까지 받아가며 근력을 키워나갔다. 등산도 다니고 자연과도 가까이했다. 한의원에서 한약도 먹어보고 침 치료도 해봤다. 자연치유를 배울 수 있는 캠프에도 참여해보았다. 소금이 부족하다고 해서 소금물을 타서 수시로 마시고 소금을 들고 다니며 먹기도 했다. 고기와 같은 동물성 단백질이 부족하다고 해서 매 끼니 고기반찬을 챙겨 먹어보기도 했다. 그것뿐일까. 관장, 요로법, 생채식, 현미채식, 에너지파동요법, 금붕어운동, 합장합척운동, 냉온욕, 1일1식, 단식, 아침폐지, 저녁폐지, 풍욕, 척추운동, 춤 명상, 웃음치료, 어싱 등을 포함한 여러 가지 운동 요법 등 말하자면 끝도 없다. 세상에는 난치병을 고칠 수 있다는 건강법을 제공하는 사람들은 너무나도 많다. 방법은 널리고 널렸으니 말이다. 나는 그들이 말하는 거의 모든 건강법을 경험해보았다.

하지만 모든 것은 결국 수포로 돌아갔다. 나는 건강하지 못하다고 생각하는 내 몸을 무슨 수를 써서라도 고치고 싶었던 것이다. 어떤 방법이든 직접 해봐야 직성이 풀렸다. 내 몸으로 경험해보고 맞는지 틀린지 직접 증명해보고 싶었다. 내가 나에 대해서 잘 알지를 못하니 주먹구구식으로 남들이 하는 방법들을 다 따라 하게 된 것이다. 지혜는 생기지 않고 지식만 늘어났다. 그 많은 것들을 모두 경험해보다가는 내 몸이 아작 날 것 같았다. 사람들은 여러 가지 방법들을 끝도 없이 만들어내고 있었다. 물론 그들도 세상을 돕기 위해 만들어 낸 방법임에 분명하다. 하지만 그 것은 말 그대로 그들의 방법일 뿐이다. 내 것이 아니었다. 그들이 틀렸다 는 것이 아니다. 누구라도 자신에게 없다고 생각되면 그것을 갖기 위해 고군분투를 하게 된다. 없다는 결핍된 마음에서 두려움이 생기게 되는 것이다. 그래서 무엇이 하나 좋다고 하면 오로지 그 방법에만 집착해버 리는 것이다. 집착의 상태가 되어버리면 몸의 균형이 깨져버린다. 어느 한쪽으로 치우치게 되는 것이다. 나에게는 부족함이 없고 나는 이미 충 분히 건강하다고 생각했다면 그 누가 무엇이 좋다고 한들 귀에 들어왔을 까. 아무런 관심이 없을 것이다. 이미 배가 터질 것 같은 상황에서 아무 리 맛있는 음식을 가져다주어도 그것을 먹으면 속만 불편할 것이다. 나 는 이미 내가 건강하지 않다고 생각했던 것이다. 건강해지지 못할까 봐 두려웠다. 그래서 모든 건강에 관련된 정보에 솔깃했던 것이다. 오로지 건강을 얻기 위해 안간힘을 썼다. 그것이 내 병의 재발 원인이었다. 너무 건강을 위해 지나치게 애를 썼던 나의 두려운 마음이 문제였던 것이다.

나는 지금까지 내가 몸을 함부로 대하고 잘못된 음식을 함부로 먹어서 병이 생겼다고만 착각했다. 물론 마음의 병으로 나아지지 않았던 폭식증으로 재발된 것도 맞는 말이다. 하지만 그것은 그 결과일 뿐이고 그래서 그 폭식증이 왜 오기 시작했냐가 관건인 것이다. 근본적인 뿌리를 제거하지 않고 가지만 쳐내봤자 다시 뿌리에서 자라나게 된다. 건강 관련 방법들이 결코 나의 병을 해결해줄 수 없었던 이유다. 더 이상 나의 질병은 육체적인 문제가 아닌 마음의 문제임을 알아차려야 했다. 그 후 나는 마음공부를 시작해야겠다고 생각했다. 바로 인터넷에 '마음수련'을 검색했다. 그리고 집에서 가까운 센터로 가서 바로 등록했다. 요가를 오랫동안 해왔기에 '명상'이라는 단어 자체는 익숙했다. 하지만 요가를 수련하면서도 몸의 중요성만 알고 있었지 눈에 보이지 않는 마음을 들여다볼 생각은 하지는 못했다. 예전에도 '배워봐야지.'라는 생각은 가지고 있었지만 실행을 하지 못했다. 사실 명상은 특별한 방법을 배워서 무언가를 한다기보다 나를 알아가는 그 과정 자체를 말하는 것이었다. 우리가 지금까지 살면서 한 번도 접해보지 못했던 것이라 어렵게 다가왔던 것이었다. 내가 누군지조차 알지 못했던 과거를 돌아보며 서서히 나에 정체에 대해 알아가기 시작했다. 나의 과거를 알아갈수록 모든 병의 근본은 나의 마음에서부터 비롯되었음을 더욱 확실하게 알게 되었다.

그렇다면 도대체 이 마음이 어디서부터 잘못되었을까. 과거에 내가 살아온 삶 속에서 교육받고 배워온 사회와 환경에 의해 만들어진 나의 생각들이 지금의 내가 되어 있었다. 모든 나의 생각들이 나의 습관을 만들었다. 그리고 이 모든 것이 나의 무의식에 장착되어 있었다. 나의 무의식은 이미 모든 부정적인 생각들로 지배받고 있었다. 내가 원치 않은 상황에서도 나의 의지와 상관없이 자동적으로 부정적인 생각들이 올라와 나를 괴롭혔던 이유가 바로 여기에 있었다. 나는 나의 무의식을 긍정으로 바꾸고 싶었다. 나의 무의식이 부정적이라면 긍정적으로 바꾸어내는 작업을 하면 되는 것이었다. 내가 지금 보고 있는 동영상이 마음에 들지 않다면 당장 꺼버리면 된다. 그리고 다른 원하는 동영상을 재생시키면 되는 것이다. 여러 가지 방법들을 찾아보고 연구했다. 꽃들도 매일 칭찬을 해주면 잘 자란다. 반면에 부정적인 말을 들은 꽃은 금세 시들어버린다. 우리는 모두 에너지로 이루어져 있다. 그래서 이 에너지는 모두 하나다. 모든 것은 에너지로 통하게 되어 있다. 내 자신은 지금껏 욕만 듣고 자란 꽃에 불과했다. 스스로 한 번도 나에게 칭찬을 해본 적이 없었다. 살면서 한번쯤은 '나를 사랑해라.', '스스로를 사랑할 줄 알아야 한다.', '다른 사람을 사랑할 줄 아는 사람은 자신을 사랑할 줄 아는 사람이다.'와 같은 말들은 자주 들었다. 그런데 진짜 나를 사랑하는 것이 무엇인지 크게 와닿지는 않았다. 한 번도 해본 적이 없었기 때문이다.

명상을 하면서도 많은 '마음'에 관련된 책을 틈틈이 읽었다. 유튜브에서도 명상과 마음에 관련된 동영상을 매일 들었다. 예전에는 건강 관련 정보들만 보았다면 이제는 나의 의식에 관련된 것들만 찾기 시작했다.

그러던 중 나는 『시크릿』이라는 책에서 '끌어당김의 법칙'을 알게 되었다. '이게 가능하다고? 내가 원하는 걸 다 끌어당길 수가 있다고? 그럼 이 세상 사람들이 다 신처럼 살게? 말도 안 돼.'라고 의심부터 했다. 그런데 어차피 밑져야 본전 아니겠냐는 생각으로 일단 해보기로 했다. 그 이후에도 상상력의 힘, 우주의 법칙과 같은 것들을 알아갔고 내 삶에 적용시켜 보았다.

그리고 몇 개월이 지난 후에야 '끌어당김의 법칙'을 제대로 이해할 수 있었다. 이 원리를 잘못 이해하고 실행하고 있었던 내 자신을 발견했다. 내가 원하는 것을 계속 머릿속에 떠올리면 우주는 그것을 끌어당겨서 내 앞에 현실로 가져다준다고 착각하고 있었다. 하루에도 수십 번씩 원하는 것을 단어로 떠올렸다. 원치 않는 것을 떠올리면 그것을 끌어당긴다고 했으니 무조건 원하는 것만 떠올렸다. 그 단어를 떠올릴 때마다 너무나도 간절한 마음이 컸다. 내가 건강하지 못하다고 생각해서 지나치게 나으려고 애를 쓰는 마음과 같은 마음이다. 이번에도 너무 지나치게 원했기에 간절하게 그 마음을 부여한 것이다. 내가 항상 너무 지나치게 나의 마음을 무겁게 실어놓고 행했던 내 자신이 발견되었다. 이는 모두 나의 결핍된 불안과 두려움에서 왔던 것이었다. 이미 내 자체가 풍요롭고 완전하다고 믿고 있었다면 나는 그 불안한 마음으로 행동하지 않았을 것이다.

우주의 에너지는 절대적이다. 온전하고 풍요롭다. 이러한 우주와 나의 에너지는 상충했던 것이다. 그래서 무엇을 하든 걸림과 막힘이 있었던 것이다. 우주는 절대적으로 풍요로움을 느끼는 사람에게만 풍요를 가져다준다. 감사할 줄 아는 사람한테만 감사할 일을 가져다준다. 만약 결핍을 조금이라도 느낀다면 결핍상태를 또다시 가져다줄 것이다. 우주는 같은 감정 상태의 것만 끌어당길 수 있다. 애초에 우주와 나의 에너지는 하나이기 때문이다. 그래서 우주는 계속 나의 감정과 일치되는 것을 가져다주는 것이다.

내가 어떠한 것을 너무나도 간절히 원한다는 것은 내가 현재 부족한 상태임을 스스로 증명하고 있었다. 내가 지금 풍요를 이미 누리고 있다면 무언가를 원할 이유가 없지 않겠는가. 그냥 지금 가진 것에 감사하고 살게 될 것이다. 무언가를 너무 바라고 있다는 것은 풍요가 아닌 이미 결핍 상태라는 뜻이다. 내가 가지고 있지 않다고 생각하기 때문에 그만큼 극도로 간절하게 원하게 되는 것이다. 지나치게 간절히 원한다는 것은 이미 집착의 상태였다.

매 순간 내가 이미 모든 것을 가지고 있는 상태라는 것을 알아차려야 하는 것이다. 우리는 원래 모두 완전한 존재로 태어났다. 하지만 우리가 살아온 환경에서 온전치 못하다고 교육받고 자라온 것이다. 그런 환경이 나의 생각을 지배하고 내 생각이 믿음으로 굳어버린 것이다. 여기까지 깨닫는 데 나도 수많은 시행착오를 통해 많은 시간이 걸렸다. 처음에는 도저히 이해가 되지 않았다. 나는 지금 가지고 있지도 않은데 억지로 가지고 있음을 어떻게 느껴보라는 건지 이해가 도무지 되질 않았다. 한 번도 가진 상태의 풍요로움을 느껴본 적이 없었기 때문에 느낌조차 인지를 못했던 것이다. 그만큼 내 안에 나는 단 한 번도 채워진 적이 없었다. 늘 부족함만 느끼며 살아왔기에 나는 항상 그런 상태라고 그렇게 믿고 살아온 것이다.

하지만 나는 그 잘못된 믿음을 바꾸는 작업이 가장 시급했다. 지금까지 나의 모든 생각이 잘못되었다는 사실을 안 순간 무엇이든 해야 했다. 내 안에 있는 고장 난 장치를 통째로 갈아 끼우기 위해서 여러 가지 방법들을 동원한 나의 노력이 필요했다.

가슴이 느끼는 것을 절대 머리가 대신할 수 없다. 심장 에너지는 뇌 에너지와 비교할 수 없을 만큼 강하다. 그래서 가슴이 뛸 만큼 열정과 기쁨이 없는 목표는 이루지기가 쉽지 않은 것이다. 내가 원하는 것을 상상하고 이를 이미 받았음을 믿어야 한다. 그리고 그것을 온전히 느껴야 한다. 그러면 우주는 나에게 내가 상상한 것을 현실로 가져다줄 것이다. 이미 받았다면 나에게 주어진 모든 것에 감사하게 될 것이다. 온전히 행복과 기쁨을 느끼면서 말이다.

07

———

인생을 바꾸는
세 가지 질문

———

나는 오랜 시간 치료를 하면서 혼자 보내는 시간이 많았다. 예전에는 꿈도 많았지만 꿈이 무엇이었는지 잊어버린 지도 오래다. 앞으로 그냥 이렇게 숨만 쉬며 사는 것에 만족하며 살아야 하나 생각도 했다. 사실 별로 살고 싶지도 않다는 생각도 몇 번 했었다. 너무 힘이 들 때는 이렇게 고통을 느낄 바에는 죽어버리고 싶었다. 그러던 중 수많은 책을 읽고 명상을 하며 내가 살아야 하는 이유를 찾아내었다. 나의 존재가치를 알기 시작했다. 우리는 각자 태어난 이유가 있었다. 그리고 우리는 이 세상에 각자 해야 할 일들을 가지고 태어난 것이다. 우리는 모두 각자 자신의 일을 찾아야 한다. 이를 찾기 위해 3가지만 스스로에게 질문해보라고 말하고 싶다.

첫째, 내가 그 일을 했을 때 재미를 느끼는가? 우리는 모두 행복하기 위해 태어났다. 행복은 우리가 어렵게 달성해야만 하는 가기 힘든 목적지가 아니다. 이 세상에 태어났다면 누구라도 당연하게 누려야 할 조건이다. 그렇다면 우리는 이 세상 살면서 항상 재미있고 행복한 일들을 하면서 살아야 하는 것이다. 어떤 일을 시작할 때마다 내가 그 일을 진심으로 즐기고 있는지 스스로 물어보아야 한다. 내가 그 일을 진정으로 좋아한다면 결과보다 과정을 더 즐길 수 있게 된다. 그리고 그 어떠한 결과를 기대하지 않는다. 그 일이 너무 재밌기 때문에 지금 그 일을 하고 있는 순간을 즐기는 것이다.

만약 내가 어떤 목표만을 바라고 있다는 것은 지금 현재 즐기지 못하고 있다는 것이다. 이 과정의 시간이 원치 않기 때문에 빨리 끝나기만을 원하게 된다. 결과만을 얻고 싶어 한다. 내가 그 일이 좋은데 왜 빨리 끝내려고 하겠는가. 내가 진심으로 그 일을 좋아한다면 그 순간을 더 즐기기 위해, 행복한 감정을 더 느끼기 위해 오히려 천천히 가고 싶지 않겠는가. 결과는 사실상 별로 중요하지도 않을 것이다. 지금 하고 있는 그 상황 자체를 즐기고 있기 때문이다. 내가 제일 좋아하는 맛있는 케이크 한 조각을 먹고 있다고 가정해보자. 그것을 빨리 먹어 치워버리고 싶은가 아니면 아주 작은 티스푼으로 천천히 맛을 음미하면서 먹고 싶은가. 당연히 후자일 것이다. 심지어 다 먹어갈 때쯤이면 아쉬움이 남을 수도 있다. 그리고 그 이후 어떠한 상황이 오더라도 나에게 큰 영향을 미치지 않는다. 이미 충분히 즐겨서 만족했기 때문에 더 이상 바랄 것이 없는 상태가 된 것이다. 내가 케이크를 다 먹은 후에 더 맛있는 케이크를 선물로 받게 되든 그렇지 않든 나에게 아무런 영향을 미치지 않게 된다는 것이다.

또 다른 보상도 바라지 않게 된다. 이미 하는 과정에서 충분히 행복을 만끽했는데 무슨 보상이 더 필요한가. 예를 들어 좋아하는 노래를 들었다고 가정해보자. 그 노래를 다 듣고 난 후에 노래를 들어준 것에 대해 누군가에게 보상을 바랄 것인가? 내가 그냥 좋아서 한 일일 뿐이다. 그럼 자연스럽게 보상을 바라지 않고 그 자체를 즐기게 된다. 그 노래가 정말 좋았다면 오히려 그 노래를 부른 가수에게 감사한 마음을 갖고 일정한 값을 지불하면서 앨범을 사게 될 것이다.

화폐 자체가 우리의 가슴을 움직일 수는 없다. 하지만 우리는 늘 돈이 우리의 삶을 좌지우지한다고 생각한다. 그래서 우리는 돈의 노예가 되어 살아가게 되는 것이다. 물론 돈은 중요하다. 살아가면서 꼭 필요한 존재다. 맛있는 음식을 먹게 해주고 교육도 받게 해준다. 나의 병을 고칠 수 있게도 만들어주었다. 하지만 매 순간 내 가슴이 뛸 만큼 설레지 않는 일을 하고 있다면 100억 로또에 당첨된다고 해도 들어온 돈은 쉽게 다시 흘러가버리게 된다.

가슴속 열정이 느껴지는 것을 목표로 삼고 행동한다면 목표로 가는 과정 자체를 즐기며 살아가게 된다. 매 순간 행복한 것이다. 내가 생각만 해도 가슴이 뛴다는 것은 그것이 바로 내 영혼이 원하는 일이다. 우리가 좋아하지 않는 일은 고된 노동이 될 뿐이다. 열심히만 한다는 것은 생업을 위해 더 많은 시간을 쏟아붓고 있는 것이다. 진정으로 매 순간을 즐길 수 있어야 한다. 그렇다면 내가 어떤 일을 할 때에도 돈과 상관없이 계속 일하고 싶은 분야는 무엇인지 스스로 물어볼 필요가 있다.

두 번째, 내가 하고자 하는 일이 세상을 이롭게 하고 있는가? 나는 그동안 수많은 통증을 느낄 때마다 너무나도 고통스러웠다. 하지만 세상은 나를 항상 고통스럽게만 두지 않았다. 결국에는 그 고통 속에서 나를 구해주었다. 그 고통 속에서도 나에게 주려고 했던 세상의 메시지가 항상 들어 있었음을 깨달았다. 그 메시지를 알아차리고 배울 수 있었기에 지금의 내가 있을 수 있었던 것이다. 모든 상황과 이 세상 만물은 항상 나를 도우려고 했으면 했지 절대 헤치려고 하는 일은 없다. 지금도 이 모든 세상을 이롭게 하고 있다. 우리 존재 자체가 애초부터 세상에 이로운 존재이기 때문이다. 그렇다면 나도 세상에 선한 영향력을 줄 수 있는 일이 무엇일까 고민을 해보아야 한다. 남에게 어떤 도움을 주고 내가 받은 것을 어떻게 되돌려줄 것인지 말이다. 우리는 모두 이미 많은 것을 받고 살아왔다. 그리고 앞으로도 계속 받을 것이다. 세상은 언제나 그 어떠한 조건 없이 주기만을 원하기 때문이다.

내가 아직 시작해보지 않은 새로운 일을 시도하기 전에는 미래를 예측할 수가 없다. 그래서 두려움과 걱정이 먼저 앞설 수도 있다. 하지만 이러한 감정에는 되도록 짧은 시간만을 할애해야 한다. 어떠한 일이 나에게 정말 가치 있고 도움이 될 거라는 판단이 섰을 때에는 빠르게 행동으로 취해야 한다. 다른 쓸데없는 부정적인 생각과 걱정이 쏟아져 나오더라도 끊임없이 내가 왜 이 일을 하고 싶은지에 대한 목적을 되물어야 한다. 결국 내 삶에 긍정적인 영향을 주는 것이라면 더 이상 망설일 필요가 전혀 없다. 어떠한 결과가 나오던 상관없이 그 경험 자체만으로도 나를 발전시키는 데 큰 도움이 된다. 내가 원하는 결과가 나오든 그렇지 않든 그것은 중요하지 않다. 그 일을 통해서 내가 무엇을 배우게 될 것인가가 가장 큰 핵심이다.

『부자 아빠 가난한 아빠』의 저자인 로버트 기요사키가 한 3가지 조언이 있다.

1. 일자리를 찾는 것보다는 해결이 필요한 문제들을 찾도록 하라.

2. 돈을 위한 일보다는 많은 사람들에게 도움이 되기 위해 일하라.

3. 신에게 도움을 구하기보다는 당신이 신을 도울 수 있는 길을 찾도록 하라.

이 3가지 문장이 두 번째 질문에 답을 하는 데 조금 더 도움이 되었으면 한다. 우리는 보통 세상으로부터 계속 받으려고만 하지 주려고 하는 마음은 갖지 못한다. 하지만 우리 모두는 본래 주고 싶은 마음을 누구나 가지고 있다. 하지만 살아오면서 스스로가 너무 부족하다고 생각했기 때문에 그 마음이 가려졌을 뿐이다. 우리는 이미 세상으로부터 많은 것을 받았음을 인지해야 한다. 이 세상에는 사실 내 것은 아무 것도 없다. 모두 세상 것이다. 이것을 탐내려고 하는 것은 인간뿐이다. 세상이 이 모든 것을 제공해주지 않았더라면 내가 지금 이 지구상에 살아갈 수 있을까? 세상이 준 공기, 물, 땅, 햇빛, 음식 등과 같이 기본적인 것들을 포함한 그 이외에 더 많은 것을 누리고 살고 있다면 이미 풍요로운 삶을 제공받고 살고 있는 것이다. 내가 혼자 이루어낸 것은 아무것도 없다. 어떠한 일을 할 때는 보수를 바라고 하는 것이 아니라 가치 있는 것을 남에게 줌으로써 그 대가로 부를 획득하는 것이다.

세 번째, 내가 남보다 잘하는 것은 무엇일까? 모든 만물에는 장단점이 있다. 이 세상 사람들 중에 장점이 없는 사람은 아무도 없다. 만약 자신은 장점이 없다고 생각한다면 아직 한 번도 발견되지 못해 이를 인지하지 못하고 있을 뿐이다. 그렇다면 자신이 조금이라도 흥미 있는 사소한 것부터 당장 경험해볼 것을 추천한다. 그 경험으로부터 장점을 발견해낼 수 있을 것이다.

나는 잘난 것 하나 없고 있는 것이라곤 병 덩어리만 가득한 몸뚱어리라고 생각했다. 내 또래 친구들은 한창 사회생활을 하면서 돈도 많이 벌고 있었다. 사랑하는 사람도 만나고 토끼 같은 자식들도 낳아서 행복한 가정도 꾸리고 있었다. 나는 이 몸으로 결혼이나 할 수 있을까. 취직은커녕 내 몸 하나도 추스르지 못해서 돈은 벌지도 못할망정 이렇게 병원비만 축내며 부모 등골만 빼먹고 있다고 생각했다. 부정적으로 생각하면 한도 끝도 없었다. 그 와중에서도 내가 빼놓지 않고 매일 하고 있었던 것은 독서와 명상이었다. 그렇게 매일 꾸준히 한 나의 노력이 빛을 발하고 있었다. 부정적인 나의 생각들이 서서히 꿈틀거리며 사라지기 시작했다.

나는 명상을 하면서 혼자 '감사일기'를 쓰기 시작했다. 그러던 중 어느 날 불현듯 부모님께 '감사일기'를 함께 써보자고 제안했다. 아무래도 혼자 하게 되면 게을러지기도 하는 것 같고 함께 하면 서로 성장할 수 있는 더 좋은 기회가 될 것이라고 생각했다. 하루하루 일기를 남길 때마다 나에게는 큰 행복으로 다가왔다. 서로 공유를 하면서 더 많은 글이 쓰고 싶어졌다. 나의 생각과 느낌을 매일 글로 드러냄으로써 나를 성장시킬 수 있었다. 처음에는 한두 줄로 시작했지만 시간이 갈수록 한 페이지가 넘어갈 정도로 글의 양이 어마어마해졌다. 하고 싶은 말이 너무나도 많았다. 나는 그러다 번뜩 더 많은 사람들과 이를 공유하고 소통하고 싶었다. 그렇게 시작된 감사일기가 나에게 작가로서의 삶을 만들어준 것이다. 시작은 미약하나 끝은 창대하게 될 것이다. 무조건 일단 내 영혼이 시키는 대로 행동해보자!

성공이란 자기가 태어나기 전보다 세상을 조금이라도 살기 좋은 곳으로 만들어놓고 떠나는 것, 내가 이 지구상에 태어나 나의 존재로 인해 단 한 사람의 인생이라도 행복해지는 것이다. 직업에는 귀천도 없다. 타인의 시선과 내가 어떻게 인정되고 싶은지를 생각하지 말고 내가 진짜 원하는 삶을 누리길 바란다. 그렇다면 경제적인 자유는 물론이고 시간적으로나 모든 것에서부터 자유를 누리게 될 것이다.

08

상상력은 나를 배신하지
않는다

지금 내 눈 앞에 벌어진 모든 현실은 '허상 세계'이고 내가 상상하고 생각하는 것이 '진짜 세계'라면 믿겠는가. 나는 송신탑이고 내가 생각하는 모든 것이 우주에게 전달되고 있었다. 우주는 지금도 나의 생각을 통해 신호를 받고 있다. 그리고 내가 생각하는 것을 내 앞으로 가져다주고 있다. 이 말이 모두 사실이라면 지금 현재의 모든 사건들은 내가 과거에 무의식적으로 보낸 모든 생각들이 모여 창조된 것이라는 뜻이 아니겠는가. 놀랍지 않은가? 나는 이 사실을 알게 되었을 때 굉장히 충격적이었다.

그리고 한편으로는 희망적이었다.

과거는 이미 지나갔다고 치자. 하지만 미래가 있지 않은가. 과거의 생각이 모여 현재가 만들어졌다면 지금 현재의 나의 생각이 모여 미래를 창조하지 않겠는가. 그렇다면 당장 내가 할 일은 현재 나의 생각을 개조하는 것이다. 나는 미래를 내가 원하는 그대로 만들 수만 있다면 당장이라도 그렇게 하고 싶었다. 삶은 항상 내가 원하는 대로 되지 않았기 때문이다.

나는 도저히 이해가 되지 않았다. 분명 나는 이런 상태를 원하지 않았는데 지금 겪고 있었기 때문이다. '그렇다면 내가 잠재의식 속에서 아프고 괴로운 것만 생각하고 살았다는 건가?' 안타깝지만 그랬다. 물론 지금 겪고 있는 질병 자체는 결과론적인 상황일 뿐이다. 하지만 더 깊숙이 파고 들어가 보면 나의 무슨 생각 때문에 지금 현재의 결과를 이끌어냈는지 충분히 알 수 있었다. 무의식에 잠재되어 있었던 나의 생각 속에는 항상 무언가를 해도 부족함을 느꼈다. 두려움에 가득 차 있었다. 가진 것에 만족하지 않고 없는 것에 대한 불평, 불만만 늘어놓았다. 이렇게 부정적으로 살았다는 사실을 스스로 알아차리는 데까지도 많은 시간이 걸렸다. 왜냐하면 원래 그렇게 살아왔기 때문에 내가 어떻게 살았는지조차도 인지하지 못했기 때문이다. 가끔 우리가 무언가에 홀리듯이 원치 않는 행동을 하는 상황이 있을 것이다. 그것이 진짜 나의 영혼은 원치 않지만 나의 무의식에서 아무 생각 없이 하는 행동들인 것이다. 나는 명상을 통해 나의 깊은 내면까지 바라볼 수 있었다. 그리고 모든 나의 실체를 발견해 내었다. 그리고 나는 앞으로 내가 원하고자 하는 삶을 살아보기 위해 상상력의 힘을 믿기 시작했다.

우리가 TV를 볼 때, 지금 프로그램이 재미가 없다면 내가 좋아하고 재미있는 프로그램을 찾아서 돌려서 보지 않는가. 지금 현재 내 상황이 마음에 들지 않는다면 내가 리모컨을 가지고 있는 주인이기 때문에 바로 채널을 돌려버리면 그만이다. 현재 보이는 것이 진짜라고 믿고 기분 상할 필요가 없다. 지금 현재는 어차피 허상이고 곧 사라질 것이다. 모든 상황은 언제든지 내가 바꿀 수 있었다. 과거의 나의 생각은 부정적이고 한정되어 있다. 나의 능력을 믿지 않고 한계를 만들어놓는 것이다. 하지만 우주의 능력은 무한하다. 무한한 우주의 힘을 믿어야 한다. 우주와 나는 애초부터 하나였기 때문에 우주의 의식을 따라가야 한다. 지금 내 생각이 나를 행복하게 만들지 않았다면 그 가짜인 내 생각을 따라갈 필요가 없다. 따라간다면 다시 과거의 나로 돌아가겠다는 뜻이다. 빨리 나의 과거의 잠재의식에서 벗어나 다른 채널로 갈아타야 한다. 자꾸 의문, 의심을 한다는 것은 과거에 내가 그만큼 불신하고 살았다는 나의 잠재의식을 따라가는 것이다. 우주는 의문, 의심이 없다. 그저 풍요롭고 평화로운 상태 그 자체다. 나만이 그런 상태로 살지 못했던 것이다.

내가 원하는 것이 있는가? 그것을 머릿속에 떠올리고 상상하면 된다. 끊임없이 믿음을 가지고 수신호를 보내야 우주가 신호를 받고 원하는 것을 보내줄 수가 있다. 우주에는 시·공간이 없기 때문에 시간이 걸리지도 않는다. 신호를 받자마자 보내준다. 다만 시간이 걸린다면 내가 상상하는 것이 무의식까지 도착하는 데 걸리는 시간일 뿐이다. 나의 무의식과 우주가 일치해야 신호가 전송될 수 있다. 우주는 한 치의 의심도 없다. 나의 무의식에 모든 불신이 사라져야만 우주와 일치될 수 있는 것이다. 나의 무의식 속에 불신이 0.00000001%라도 있다면 도착하는 데 시간이 걸리는 것이다. 스파게티를 먹겠다고 해놓고 '아! 잠깐만요! 근데 이거 맛있을까요? 치킨이 맛있겠죠? 아니, 샐러드가 낫나요? 근데 이거 음식이 나오면서 잘못되는 건 아니죠?'라고 자꾸 확실하지 못한 생각들을 표현해낸다면 종업원이 헷갈릴 것이다. 도대체 무엇을 주문하겠다는 건지 이해하는 데 시간이 걸리게 되는 것이다. 우주도 마찬가지다. 내가 너무 많은 두려움과 의심의 생각을 보내거나 너무 장황하게 말하면 헷갈려하는 것이다. 그럼 아무래도 '저 스파게티 주문할게요.'라고 말한 손님보다 훨씬 더 많은 시간이 걸리지 않겠는가.

지금 내 눈앞에 보이는 것을 믿어서는 안 된다. 보이지 않는 것을 믿어야 그것이 바로 진짜 믿음이다. 내가 가장 좋아하고 가장 기분 좋은 모습을 상상하여 주파수를 보낸다면 우주는 반드시 신호를 받고 보내줄 것이다. 그것이 진리이기 때문이다. 오직 기쁨과 행복을 느낀다면 우주는 그 신호를 받을 것이다. 그 다음은 생각할 필요도 없다. 우주가 알아서 내 앞으로 가져다줄 것이다. 그렇다면 목숨 걸고 내가 가장 기분 좋은 상태를 항상 유지하도록 나를 행복하게 만들어야 한다. 그리고 내가 상상한 대로 이루어졌음을 느끼고 우주가 이를 보내주었음에 감사한 마음을 가지면 된다.

원하는 것을 상상할 때는 반드시 지켜야 할 세 가지 법칙이 있다. 내가 원하는 것이 이미 이루어졌다고 상상해야 한다. 그리고 그때의 감정을 온전히 느껴야 한다. 그러기 위해서는 반드시 이루어질 것이라는 나의 믿음과 확신이 필요하다. 두 번째, 내가 원하는 것이 세상에 의미 있는 것이어야 한다. 내가 원하는 의도가 결론적으로 세상에게 이로움을 줄 수 있어야 한다. 마지막으로 이미 우주가 모든 것을 주셨음에 감사하면 된다.

나는 이 우주의 법칙이 존재하고 있음을 깨닫게 되었을 때 마치 하늘에서 별을 딴 것과 같은 심정이었다. 똥 속에 빠져 있던 나를 구해준 세상이 얼마나 감사한지 모른다. 이게 바로 천국이지 않을까. 우주는 원래부터 항상 이로운 것만 가져다주는 존재였는데 '그렇지 않다'라고 생각한 것은 오직 나였던 것이다. 그래서 모든 상황의 원인은 바로 나인 것이다. '생각이 바뀌어야 세상이 바뀐다.'라는 말을 귀로만 흘려듣고 머리로만 알고 있었다. 내 생각이 모든 것을 가로막고 있었던 악마였음을 이제야 깨닫게 된 것이다.

나는 지극히 현실주의자였다. 현실에서 일어날 수 없는 이야기로 꾸며진 영화도 잘 보지 않았다. 비현실적인 것은 나의 삶에 적용시킬 수 없을 것이라고 생각했기 때문이다. 만화영화에서도 현실에서 일어나지 않은 내용을 담고 있으면 시시하다고 생각했다. 내 눈으로 직접 확인되고 증명될 수 있는 것만 믿어왔다. 그렇지 않은 것은 완전히 무시하고 살았다. 그렇게 내 생각만이 옳다고 주장하며 자신만만하게 살아왔던 나의 생각이 옳았다면 왜 남들보다도 더 가난하고 지질하고 아프게만 살게 되었냐는 말이다. 그런 나의 믿음이 완전히 잘못되었음을 스스로 깨달아야 했다. 그리고 그런 나의 에너지가 우주와 정반대로 흐르고 있었다는 것을.

이 세상을 창조하신 창조주 하나님도 이상주의라고 한다. 상상하는 이상 세계가 진짜 세계이고 그것이 곧 내가 살아야 할 곳, 내가 행복을 누릴 수 있는 곳이다. 사람들은 모두 이상 세계를 꿈으로만 가지고 있고 꿈은 이룰 수 없는 것이라고 생각하고 산다. 꿈이 이루어지지 않는 원인이 바로 그런 나와 꿈을 분리시켜 내가 이룰 수 없다는 '부정적인 생각' 때문이었다는 것이다. 우주에는 '안 된다.', '아니다.'라는 것이 존재하지 않는다. 오직 인간만이 그런 생각을 하고 산다. 우주의 의식으로는 이루지 못할 것이 없다. 전지전능하기 때문이다. 우주와 생각이 일치되고 하나가 되면 나 역시 이루지 못할 것이 없게 되는 것이다. 지금까지 태어나서 수십 년 동안 오로지 두려움과 걱정 속에 갇혀 '안 될 것이다.'라는 것을 외치고 살아왔기에 무의식에는 부정의 생각들이 가득 차 있었다. 그래서 이것을 내가 원하는 긍정의 상황으로 상상하고 이를 온전히 느낄 수 있도록 나의 무의식에 잠재시키려면 꾸준한 연습과 노력이 필요하다. 처음에는 누구나 쉽지 않지만 반복하면 누구나 할 수 있는 것이다. 못할 이유는 이 세상의 누구에게도 존재하지 않는다. 하려고 하는 마음만 있다면 누구나 다 할 수 있는 것이다. 안 된다고 말하는 것은 단지 스스로가 하려는 마음이 없다는 것을 알리고 있는 것이다. 내가 기어코 그 일을 해내겠다는 신념과 확신, 열정만 있으면 어떠한 변명도 허락되지 않는다. 내가 원하는 일이 현실로 다가올 때까지 인내하고 지속적으로 우주에게 신호를 보낸다면 결국에 그 원하는 것은 내 앞에 있을 것이다. 순간 부정적인 생각이 튀어나오는 것은 내가 과거에 만들어낸 가짜 무의식의 소리다. 지난 세월 동안 내가 만들어낸 에고의 말일 뿐이다. 그렇다면 지금 현재 눈에 보이고 느껴지는 한정된 에고의 말과 감정, 모든 생각들은 무시해버리면 된다. 그리고 나는 이제부터 보이지 않는 참인 우주를 믿어야한다. 우주와 내가 일치되어야만 우주와 같은 의식으로 모든 것을 누리며 살 수 있게 되는 것이다. 그것이 순리고, 이치다. 우주에게 내가 원하는 무한한 상상력의 신호를 보내야 한다. 그럼 끝도 없는 영원한 우주의 의식을 갖게 될 것이다. 이제부터 나의 무한한 잠재력을 발휘하게 될 것이다.

 이제 내가 무엇을 원하는지부터 떠올려보자. 그리고 진정으로 그것을 원한다면 그것을 이미 내가 가지고 있다고 믿어야 한다. 이미 이루어낸 상태에 이르렀을 때의 감정을 온전히 느껴본다면 반드시 우주는 나를 배신하지 않을 것이다.

4장
—

당신은 더 행복해져야 할 사람입니다

01

누군가 했다면 당신도
할 수 있다

살다 보면 어떤 일이 뜻대로 되지 않거나 어려운 일들이 생기기 마련이다. 이는 나를 포함한 세상 사람들이라면 누구나가 다 겪게 되는 현실이다. 하지만 나는 항상 그럴 때마다 '다른 사람은 다 하는데 왜 나만 못할까?'라고 생각하기보다 '저 사람이 했는데 내가 못할 이유가 있을까?'라는 생각이 먼저 든다. 나도 물론 과거에는 나의 능력의 한계를 단정 짓고 애초에 안 될 일이라고 생각하며 시도조차도 하지 않았다. 못 해낼 것이라고 미리 예측했기 때문이다. 내가 4년제 대학을 아예 서류조차도 넣지 않고 내 성적으로 가장 합격률이 높은 전문대학에 지원을 하게 된 이유도 바로 이 때문이다. 내가 오르지 못할 나무는 아예 쳐다보지도 않았다. 남들보다 못나 보이는 내 자신이 싫었다. 그런 내 마음이 너무 괴로울 것이라는 것을 알았기 때문이다. 그래서 항상 남들보다 위에 있어야했고 무조건 이겨야만 했다. 그래서 미리 상황을 보고 내 기준에서 '이 정도면 내가 좀 해볼 수 있겠다.'라고 생각한 것들만 도전하곤 했다. 그리곤 피터지게 노력해 무조건 성취해내고야 말았다.

하지만 우리는 충분히 어떠한 일이든 해낼 수 있는 무한한 능력을 각자 가지고 있다는 것을 알게 되었다. 그리고 그 이후로는 누군가가 해냈다면 그 일은 나도 당연히 해낼 수 있다고 생각했다. 실제로도 그랬다. 단지 내가 못하고 있는 이유는 할 마음이 없었던 것이었다. 스스로 그 일을 원하지 않고 있기 때문에 '못하는 것'이 아니라 '안 하는 것'에 더 가까웠다.

'살을 빼고 싶다.'라고 말하는 것은 마음은 하고 싶지만 왠지 '내가 과연 성공할 수 있을까?' 라는 두려움을 포함하고 있는 것이다. 나의 생각이 당장 실행해야 할 행동들을 가로막고 있는 것이다. 만약 어떤 일을 진짜 하고 싶은 마음이 강하다면 '~하고 싶다.'와 같은 생각이나 말을 하며 머뭇거릴 시간조차도 없을 것이다. 바로 살을 빼기 위한 행동들을 이미 하고 있을 것이다. 어떠한 목표를 두고 일단 실행을 하는 것은 매우 중요하다. 실패가 두려워 행동을 하지 않는 것이 실패한 삶이지, 어떠한 실행을 함으로써 실패를 경험해내는 것은 결코 실패가 아니다. 성공을 향한 과정일 뿐이다. 어떠한 행동을 함으로써 사건은 무조건 일어나게 되어 있다. 그 사건이 어떻게 일어날지는 아무도 모른다. 하지만 모든 사건 속에서 배우고 깨달았다면 내가 경험한 사건들은 경험하기 전보다 훨씬 더 성장할 수 있는 소중한 시간이었음에 분명하다. 모난 원석이 이리저리 굴러다니며 깎이고 도려내져야 예쁘고 잘 다듬어진 보석으로 탄생하게 되는 것이다. 깎이고 도려내지는 것이 아프고 두렵다고 가만히 있으면 자기 생각 속에만 갇혀서 평생 그 모양 그대로 살아가게 된다.

실패를 기대하며 무엇이든 행동해보아라. 내가 실패했을 때 나의 부족한 점을 발견해낼 수 있게 된다. 그리고 이를 통해 배울 수 있음에 감사하게 된다. 모든 실패와 경험은 각자 자신의 부족한 점을 알려준다. 내가 무엇이 부족한지 나의 결점을 알지 못하고 사는 것이 얼마나 절망적이고 답답한 일인지 아마 모를 수도 있을 것이다. 내가 지금 길을 잘못 들어왔는데 나가는 방법을 모르고 있는 상황과 같은 것이다. 이제 모든 상황과 실패가 나에게 이 잘못된 상황을 알려주는 신호임을 알았다면 나에게는 이를 해결할 수 있는 방법이 있기 때문에 성장할 수 있는 매우 희망적인 일이 될 것이다. 나의 결점을 알 수 있는 방법이 바로 '행동'에 있는 것이다. '행동'을 함으로써 실패를 할 수 있게 된다. 실패가 경험이 되고 경험이 나에게 큰 스승이 되는 것이다. 나의 의식과 생각이 바뀌면 이제 구체적인 목표가 생길 것이다. 이 목표를 달성하기 위해 의욕과 열정에 불타올라 행동할 수 있게 된다.

하지만 길을 잘 가다가도 얼마든지 넘어질 수 있다. 분명히 내가 좋아서 시작한 일이었다. 그런데 그 일이 어느 순간 스트레스가 되어 있는 나 자신을 발견했다. 더 이상 배우고 즐기는 것이 목적이 아니라 결과와 목표가 목적으로 바뀌어버렸다. 나의 잠재의식 속에 있는 기존의 습관들이 나를 방해하고 있었던 것이었다. 매 순간 경쟁심으로 살아왔던 내 과거를 돌아보면 알 수 있다. 상대보다 잘해야 하는 나의 내재된 생각 습관이 좋아하는 일도 너무 잘하려고만 했던 것이었다. 뇌는 편하고 익숙한 것을 좋아하기 때문에 다시 예전으로 돌아가고 싶은 순간들이 찾아오는 것이다. 그럴 때마다 초심으로 돌아가 '내가 왜 이 행동을 시작하게 되었는지'에 대한 나의 목적을 의식적으로 끄집어내는 노력이 필요했다. 나의 목적 의식이 분명해야 지치지 않고 끝까지 버틸 수 있는 힘이 생기는 것이다.

나는 병이 다시 재발하여 온몸이 붓기 시작했다. 예전 같았으면 그런 상황에서는 오로지 몸을 치료하는 데만 집중했을 것이다. 스스로 환자로 생각하며 하루를 무의미하게 보내면서 말이다. 하지만 나는 이 몸은 어차피 건강해질 것이라는 것을 알고 있었다. 시간이 지나면 다 해결될 문제였음을 깨달았다. 그리고 내가 행복해지기 위해 할 수 있는 모든 일들을 시작했다. 모든 상황에서 배우고 싶었다. 복수가 찬 남산만 한 배, 코끼리 같은 다리를 뒤로 한 채 우연히 '한복모델 선발대회'를 알게 되어 바로 신청했다. 한복은 어차피 몸매를 뽐내기 위한 자리가 아니었음에 충분히 가능성이 있었다. '부종으로 부은 몸은 한복으로 최대한 가릴 수 있을 것이고 얼굴은 메이크업으로 가리면 되지 않을까?'라는 생각으로 일단 도전부터 했다. 예전부터 한복을 보면 기분이 좋았다. 우리나라 전통의상을 세계적으로 알리는 데 기여할 수 있다는 자체만으로 설렜다. 다행히도 서류심사는 합격하여 본선에 당당히 진출하게 되었다. 생애 처음으로 무대에서 나 자신을 드러낼 수 있는 기회를 갖게 되어 영광이었다. 나는 무대에 오르기 직전 떨리기는 했지만 '내가 이 세상의 여왕이다.'라는 마음으로 당당하게 무대에 설 수 있었다. 아쉽게도 결선에 진출하지는 못했지만 그 결과는 더 이상 나에게 중요하지 않았다. 내가 어떤 일을 하는 과정에서 무엇이든 하나쯤은 배우게 되어 있다. 그 배움을 통해 나를 돌아보고 깨닫는 순간들이 나에게는 행복으로 다가왔다.

나는 몇 달 전에 '감사일기'를 쓰기 시작했다. 이 사소한 습관에서 나의 장점을 발견해냈다. 나는 어렸을 때 만화책도 싫어했던 사람이었다. 그래서 나는 내가 책을 싫어하는 줄 알았다. 하지만 싫어하는 게 아니라 원하는 책을 한 번도 접해보지 못했던 것이었다. 나의 기억 속에는 책 읽는 것이 지루한 일로 남아 있었다. 하지만 나의 작은 행동과 습관에서 새로운 나의 모습을 발견하게 되었다. 내가 원하는 말을 글로 표현했을 때 나는 너무나도 행복했다. 그래서 매일 나의 생각을 글로 남겼다. 어느 순간 이 글을 사람들과 공유하고 싶은 마음이 생겼다. 그러던 어느 날 '성공해야 책을 쓰는 것이 아니라, 책을 써야 성공한다.'라는 문구를 우연히 인터넷카페 글에서 보게 되었다. 나는 이 말을 하신 분한테 무조건 책 쓰는 법을 배워야겠다고 생각했다. 그분이 지금 내가 책을 쓰도록 만들어주신 김태광 대표님이다. 그는 25년 동안 300권의 책을 집필하였고, 12년 동안 1,200명의 평범한 사람들을 3~4주 만에 작가로 만든 최고의 책 쓰기 코치였다. 유튜브 채널 '한국책쓰기강사양성협회 TV' 채널에 올라와 있는 책 쓰기와 1인 창업에 관한 영상들을 보고 나도 책을 쓸 수 있겠다는 자신감과 믿음이 생겨났다. 나는 그 당시 상황이 너무 어려웠음에도 불구하고 바로 책 쓰기 교육과정에 등록했다. 그리고 책 쓰기 교육 과정에 등록한 지 3주 만에 출판 계약을 하게 되었다. 나는 책을 쓰고자 하는 사람들에게 단언컨대 '한책협'을 추천하고 싶다. 나는 그렇게 작가의 길을 걷게 된 것이다. 내가 원하기만 한다면 세상은 항상 나를 도와주기 위해 대기하고 있었다는 것을 다시 한 번 깨닫게 되었다. 나는 원하는 마음만 있었을 뿐인데 홀리듯이 모든 상황이 나를 척척 이끌어주었다.

그 후에 책을 쓰면서 여행도 가보고 싶었다. 몸은 점점 부풀어서 조금 힘들긴 했지만 임산부라고 생각하니 거동하는 데는 크게 지장은 없었다. 오히려 더 기억할 만한 특별한 여행이 되었다. 부모님을 모시고 제주도로 떠났다. 너무나도 행복했다. 매 순간 그 자체를 즐길 수 있음에 감사했다. 함께하는 모든 순간들이 꿈만 같았다. 내가 원하는 것을 실행하기만 하면 과거에는 상상하지도 못할 일들이 무한하게 펼쳐지고 있었다. 나는 이것으로 끝나지 않을 것이다. 앞으로도 하고 싶은 것은 무궁무진하다. 그 많은 일들을 앞으로 계속 실행해나갈 것이다. 그리고 그 속에서 또 다른 나를 계속 발견할 것이다.

내가 원하는 삶이 있으면 그렇게 되도록 방법을 연구하면 되는 것이다. 일단 원하는 것을 행동하고자 하는 마음이 있어야 한다. 그렇다면 내가 그 원하는 삶을 이제껏 살지 못했던 이유를 발견하게 된다. 처음에는 내가 가지고 있는 기존의 습관에 몸이 익숙해져 있어서 24시간 의식이 깨어 있지 않으면 이를 행동하기까지 어려울 수는 있다. 하지만 노력하기만 하면 누구나 당장에라도 할 수 있다. 그러기 위해서는 가장 먼저 '할 수 없다.'라는 나의 생각이 '무조건 할 수 있다.'로 바뀌어야 한다. 그래야 비로소 다음 단계로 갈 수 있다. 진짜 그 일이 하고 싶은지, 그 일을 했을 때 진심으로 내면에서 행복감을 느끼는지, 왜 그 일이 진심으로 하고 싶은지에 대한 나의 마음가짐과 생각이 매우 중요하다. 실행 능력은 누구에게나 있지만 목표 의식이 뚜렷해야만 나의 생각이 나의 행동을 움직일 수 있다. 단순히 '해야지.', '하고 싶다.'가 아닌 내가 정말 이것을 해야 하는 목적 의식이 분명해야 하는 것이다. 이것을 왜 꼭 해야만 하는지 스스로에게 물어보고 이에 대한 답을 찾을 수 있을 때 바로 행동할 수 있다.

원하는 것을 찾을 때 원하는 그 일은 누군가 이미 경험했을 것이다. 주변에 닮고 싶은 롤 모델을 정하는 것이 매우 도움이 된다. 미리 그 길을 밟고 간 사람들을 찾아서 그들이 해낸 방법대로 똑같이 해낸다면 당신이 못할 이유가 전혀 없다. 그들이 해냈다면 당신도 반드시 해낼 것이다. 인간은 모두 태어날 때부터 각자의 무한한 재능을 가지고 이 세상에 왔기 때문이다.

02

당신은 더 행복해져야 할
사람입니다

    사람들은 이 세상에 태어나 학교에 입학해서 새로운 지식, 정보를 배워 암기하고 정해진 테스트를 통과하는 것이 전부인 것마냥 살아가고 있다. 우리는 단순히 지식을 쌓아서 좋은 대학이나 좋은 회사에 들어가기 위해 태어난 것이 아니다.

    상식과 지식은 다르다. 상식은 구태여 정보를 습득하고 배우지 않아도 자연스럽게 스스로 알게 되는 것이다. 자연의 순리와 진리로부터 누구나 알게 되는 것이다. 인간이라면 누구나 갖고 있는 본능인 것이다. 이것은 머리로 배우는 '지식'과는 차원이 다르다.

우리 선조들의 모습을 보면 쉽게 알 수 있다. 과거에는 지금처럼 학교나 미디어를 통한 수많은 정보가 없었다. 그렇지만 오히려 지금의 현대인들보다 훨씬 더 지혜롭게 살 수 있었다. 오히려 지금의 많은 정보들보다 더 가치 있다고 할 수 있다. 반면에 지식은 전문분야를 통해 관련된 정보를 뇌 속에 저장해놓는 것이다. 쉽게 말해 상식은 우리가 흔히 말하는 '지혜'고, 지식은 '정보'인 것이다. 세상에는 아무리 지식이 많은 사람이라고 해도 상식적인 행동을 하지 못하는 사람들이 많다. 지금은 정보가 넘쳐나는 시대라 똑똑한 지식인들은 많다. 하지만 그 수많은 정보들 속에서 정답을 찾기는 어렵다. 우리 인간은 모두 미완성이다. 그렇다면 미완성인 인간들이 만들어놓은 정보들이 과연 우리 인생에 정답이 될 수 있을까.

물론 살면서 정보도 필요하다. 하지만 지금 우리는 이미 너무 많은 정보들에 휘둘려 있는 과부화 상태다. 스스로 정답을 자기 안에서 찾지 않고 훌륭한 의사나, 교수, 미디어의 정보들에 의존하려고만 한다. 그리고 그들의 말이 답인 줄 착각하고 살아가고 있다. 아무리 많이 배운 전문 지식인이라고 해도 지식은 세상에서 만들어진 정보일 뿐이다. 전문가들이 만들어낸 연구결과만 해도 수두룩하다. 각자 나름대로 배운 지식으로 만든 결과를 세상에 낸 것이다. 과연 이 모든 연구결과들이 객관적일 수 있을까. 모든 연구결과는 주관적일 수밖에 없다. 그래서 하나의 질병을 갖고도 여러 의사들의 의견이 모두 다를 수밖에 없는 것이다. 반면 지혜는 이미 존재하고 있었고 지금도 존재하고 있고 앞으로도 존재할 절대 불변하는 세상 진리다. 우리가 흔히 아무도 가르쳐주지 않아도 스스로 그냥 느낄 수 있는 직감, 본능, 영혼의 소리를 말한다.

진짜 내 안에 있는 영혼과의 소통이 되지 않고 나를 성찰하지 않으면 지혜는 오지 않는다. 모든 문제의 원인은 내 안에 있기 때문에 해결 방법도 나에게서 찾는 것이 가장 빠른 길이다. 문제가 생겼을 때 일단 스스로에게서 원인을 찾아보고 그래도 모르겠다면 그때 전문인을 찾아도 늦지 않다.

그렇다고 해서 주변의 지인이나 전문인의 말을 전혀 듣지 말라는 이야기가 아니다. 결정권을 항상 내가 쥐고 있어야 한다는 말이다. 그들의 정보를 취합하여 마지막에는 내가 정답을 내릴 수 있어야 한다. 인간은 복잡한 구조로 이루어진 존재이기 때문에 아무리 공부를 많이 했다고 해도 한 사람의 문제 원인을 정확하게 파악해내는 것은 매우 어려운 일이다. 끊임없이 자기 자신이 스스로에 대해 연구하고 사유해야만 한다. 그래야 자신밖에 알 수 없는 모든 문제의 근본 원인을 스스로 찾을 수 있게 된다. 자신의 몸을 스스로 잘 알게 되면 그 누구에게도 자기 몸을 함부로 맡겨두지 않게 된다. 내 몸의 주인은 나뿐이다.

나는 수 년 동안 투병생활을 하게 되었다. 내 몸에 대해 잘 알지 못하고 살았다. 그러니 스스로를 믿지 못하고 주변 사람들의 정보를 믿게 된 것이다. 그 수많은 정보를 믿게 되는 순간 정보의 소리를 듣느라 정신이 없다. 내 몸이 하는 소리를 듣지 못하게 된다. 내 몸을 그들이 말하는 정보에 끼워 맞추는 식이 된다. 어떻게 보면 나는 내 몸을 갖고 실험하게 된 것이다. 그들의 연구결과에 대입하여 내 몸을 적용시켜본 것이다. 누군가가 내 병을 고칠 수 있는 방법을 알려주기를 바랐던 것이다. 외부에서 해결법을 찾으려고 애를 썼다. 그러다 보니 이곳저곳 검색을 하여 내 병을 낫게 해줄 수 있다고 생각한 유명한 원장님들을 찾아가보기 시작했던 것이다. 병원에서 주는 약을 먹지 않고도 몸이 스스로 치유할 수 있다는 말만 듣고 무리한 도전을 한 것이다. 그 당시 나는 약의 부작용에 너무나도 시달렸기 때문에 약을 쓰지 않고 할 수 있는 세상에 주어진 모든 방법들은 다 해보고 싶었다. 그렇게 해서 낫기만 한다면 뭐든 할 수 있었다. 너무나도 간절했다. 열심히 한다고 한 내 마음은 과도한 집착이 되어버렸다. 모든 전문의들은 각자 나름대로 최선을 다한다. 하지만 나에게 도움이 될 만한 정보를 줄 뿐이지 결국 내 병을 고칠 수 있는 사람은 나 자신뿐이었다. 그 누구도 나의 병을 완벽하게 고쳐줄 수는 없었다. 결코 그들의 정보가 틀린 것도 아니었다. 하지만 이것은 맞고 틀리고의 문제가 아니다. 자연치유는 그렇게 복잡하게 생각할 문제가 아니었다. 각자 영혼이 원하는 목소리만 듣고 그 원하는 대로 해주기만 하면 되는 것이다.

하지만 나는 이미 많은 정보들이 진짜라고 믿고 있었다. 그것이 정답이라고 생각하며 살았던 것이다. 그러니 내 몸이 무엇을 원하는지 아무리 신호를 보내도 들리지가 않았던 것이다. 나의 영혼은 계속해서 나에게 무시당할 수밖에 없었다. 이미 너무 많은 상처를 받아 아파하고 있었다. 영혼이 행복하지 않으면 질병은 결국 악화될 수밖에 없다.

무조건 빨리 무언가를 해결하고 싶은 마음만 앞섰다. 그러니 내가 아는 것이 전부일 것이라고 생각하는 것이다. 마음의 여유가 전혀 생기지 않았다. 결국 내 마음만 바쁠 뿐이다. 그 누구도 절대 나의 근본적인 문제를 가장 빠르게 해결해주지 못한다. 우리 몸은 누구나 자연적으로 스스로 치유할 수 있는 힘이 있다. 이를 믿고 내 몸과 천천히 대화를 하며 나를 알아가는 것이 가장 중요하다. 내가 내 몸을 가장 잘 아는데 구태여 타인에게 함부로 내 몸을 맡기지 않게 된다는 것이다.

나는 왜 그 당시 나를 믿지 못하고 세상을 믿었을까? 그게 정답이라고 생각하며 살아왔기 때문이다. 우리는 대부분 세상이 낸 정보가 정답이라고 교육받았다. "선생님이 말씀하시면 알겠다고 하면 되지 무슨 말이 많아?" 내가 어렸을 때 자주 듣던 말이다. "어디서 말대답이야? 어른이 말하면 '네' 하고 고분고분하게 말을 잘 들어야 착한 사람이지. 어른이 하라면 그냥 하는 거야. 빨리 가서 해!"

우리는 살면서 스스로 생각할 여유조차 없었다. 무엇이든 스스로에게 질문하는 습관을 갖게 했더라면 타인에게 과도하게 의지하거나 정답을 요구하는 일은 없었을 것이다. 생각의 자유를 줄 수 있는 그럴 기회조차 전혀 제공받지 못하고 살았다. 우리가 과거에 교육받은 대로, 경험한 대로 그것이 기반이 되어 지금의 내가 되어 있는 것이다. 내가 보고 배운 모든 것은 이미 나의 무의식에 장착되었다. 그래서 우리는 또 정보를 들으면 그것이 답이라고 생각할 것이다. 내가 원치 않아도 이미 환경으로 인해 자동시스템화 되어버린 것이 바로 무의식이다. 무의식은 내 의지대로 할 수 없다. 그렇다면 이미 장착되었다면 나는 진짜가 아닌, 가짜인 무의식의 노예로 계속 살아야 하는가? 나는 이미 내가 만들어놓은 생각과 관념들이 모두 틀렸다는 것을 경험을 통해 실감나게 깨달았다. 그런 이상 이렇게 살 수 없었다. 이렇게 살아야 한다면 너무 억울할 것 같았다. 하지만 언제나 세상은 나를 그렇게 고통스럽게 두지 않는다. 언제나 이로움을 주는 것이 세상이기 때문이다. 무엇이든 내가 마음에 들지 않으면 바꿀 수 있었다. 내 몸의 주인은 바로 '나'다. 주인만이 바꿀 수 있는 것이다. 지금 현실세계는 내가 보고 있는 한 편의 영화에 불과하다. 그 영화가 마음에 들지 않으면 다른 채널로 돌려버리면 그만이다. 내가 그 리모컨을 갖고 있는데 못할 이유가 뭐 있겠는가.

결국 우리는 모두 하나의 에너지로 연결되어 있기 때문에 내가 원하는 것을 세상도 원하고 있다. 내가 원하지 않는 것은 세상도 원하지 않는다.

그렇다면 내가 괴로워한다는 것은 세상도 괴로워한다는 것이다. 나에게서 벗어나 세상이 무엇을 원하고 무엇을 필요로 하는지를 알 필요가 있다. 빨리 자신의 의식을 전환시켜 세상과 하나가 되어야 한다. 결국 그것이 진짜 내가 원했던 것이다. 그리고 이 세상 모두가 원하는 것이다. 우리 모두가 원하는 세상, 그곳이 바로 우리가 행복하게 살 수 있는 공간이다. 나는 명상을 통해 나의 무의식을 변화시켰다. 그리고 지금 너무나도 행복한 삶을 살고 있다. 좀 더 구체적인 방법들은 뒤에서 공개할 예정이다. 나의 경험을 믿고 한번 실천해보길 진심으로 바란다. 지금보다 훨씬 더 많은 행복이 기다리고 있다는 것을 나는 확신한다. 나는 단지 이 행복을 모두가 꼭 누리며 즐겁게 살았으면 하는 바람뿐이다.

내가 지금 하루하루 행복을 느끼며 살아가듯이 당신은 나보다도 더 많은 행복을 누릴 수 있다. 충분히 그럴 만한 가치 있는 사람이다. 그게 바로 우리가 이 세상에 태어난 이유이기 때문이다.

03

이제는 행복해질
때이다

이 지구상의 모든 사람들은 행복하기를 원한다. 그런데도 불구하고 실제로 많은 사람들은 하고 싶지 않은 일을 하면서 행복을 추구한다. 그렇다면 나는 지금 진짜 원하는 일을 하고 있나? 스스로에게 질문해보자. 생각만 해도 가슴이 설레는지, 그 일을 하고 싶어서 아침에 빨리 눈을 뜨고 싶은지, 내가 그 일을 하면서 돈이 많이 벌든 적게 벌든 상관없는지, 그 일을 했을 때만큼은 시간이 아깝지 않고 보람되는지….

행복한 일을 하지 않으면 목표만을 바라보고 살아가게 된다. 그 목표로 가는 과정 중에 오는 모든 순간들은 고통으로 다가온다. 내가 해야 할 일, 나에게 주어진 일, 남을 행복하게 만드는 일 등 주어진 일에 억지로 나를 끼워 넣는다. 인정받고 사랑받으면 행복할 것이라고 생각한다. 인정받고 사랑받기 위해 원치 않은 일들을 하고 있다. 그래서 그 원치 않은 일들을 해서 내가 결국 행복한가? 진짜 내 안에 있는 영혼이 원하는 일을 해야 행복해질 수 있다. 행복한 일을 하면 목표를 바라고 사는 것이 아니라, 여정 자체를 즐길 수 있게 된다. 목표를 위해 현재가 희생되는 것이 아닌 매 순간이 행복한 것이다. 목표는 그 과정에서 더 큰 의미가 있다. 우리 모두는 나 자신을 위해 살아가야 할 가치 있는 사람이다.

나는 지금까지 좋은 차를 타고 좋은 집에서 살며 누리고 사는 것이 사치라고 생각했다. 하지만 '부'에 대한 나의 생각은 완전히 바뀌었다. 내가 생각해온 관념을 완전히 뒤집어놓았다. 나는 현재 상태로는 부를 이룰 수 없다고 생각했다. 절대 범접할 수 없는 상황이라고 단정 짓고 미리 포기해버렸다. 지금 현재에 그냥 만족하며 살겠다고 합리화했던 것이었다.

"우리가 그때 먹고살기 힘든 시절에 우리 가족 먹여 살리려고 죽어라 일만 해야 했어. 먹고 싶은 것도 안 먹고, 쓰고 싶은 것도 안 쓰고! 내가 남들처럼 누릴 것 다 누리고 살았으면 지금 여기까지 올 수 있었겠냐? 다 우리가 그렇게 저축하고 살았으니까 지금 그나마 이렇게라도 사는 거지!" 귀가 따갑도록 들어왔던 아버지의 말씀이다. 나는 그 말을 철석같이 믿었다. 그러한 말들이 나의 무의식에 장착되어 있었다. 그래서 나는 일을 해서 아끼지 않으면 정말로 굶어죽는 줄로만 알았다. 하지만 그 당시에도 우리집보다 더 가난했던 사람들이 분명히 있었다. 그 사람들은 우리집처럼 가난한 마음으로 살지 않았다. 아무리 부족해도 당장 사고 싶은 것이 있으면 그냥 즐기면서 살았다. 지금 와서 보면 안 죽고 잘 살고 있었다. 그랬다. 언제나 똑같은 상황이 주어져도 받아들이는 마음의 크기가 달랐다. 각자 자기만의 기준점이 달랐던 것이었다. 똑같이 100억이 주어져도 어떤 사람한테는 턱없이 부족하고 어떤 사람은 평생 써도 다 쓰지 못할 만큼 과분하다고 생각한다. 어떤 마음으로 받아들이냐는 각자의 기준에 따라 달라지는 것이다. 나는 실제로 가난했던 것이 아니었다. 내가 지금 주어진 것보다 더 많이 가져야만 풍요롭다고 느꼈던 마음 때문에 가난했던 것이었다. 절약의 노예로 살았던 것이다. 지금 상태에서 무조건 아끼고 모아야만 부자가 될 것이라는 나의 강한 신념이 모든 행동을 결정짓고 있었다.

"가난한 사람들은 절약만이 부자가 되는 길이라고 믿기에 인생을 제대로 즐기지도 못한 채 평생을 빈궁하게 살다가 간다. 우리가 이 세상에 온 목적은 가난에 찌들어 주위 사람들의 눈치나 보며 살기 위함이 아니다. 천국에서 이미 계획했던 '충만한 체험'을 하기 위해서이다.…"

－『반 꼴찌, 신용불량자에서 페라리, 람보르기니 타게 된 비법』 중에서

우리는 그 체험을 통해서 실패와 성공을 경험하고 성장한다. 내가 세상으로부터 성장을 하게 되었으니 세상에 이로운 존재로 살아가면 되는 것이다. 열심히만 산다고만 해서 부자가 되는 것은 아니다. 길가에 있는 개미들, 하늘의 새들, 들판의 꽃들, 쉬지 않고 일하는 소들, 지구상에 존재하는 모든 생명체는 오늘 하루를 열심히 살아가고 있다. 하지만 그들은 그냥 존재할 뿐이다. 동물과 자연들은 그냥 존재만으로도 살아갈 수 있다. 하지만 인간은 경제적인 자유가 있어야 행복을 누릴 수 있다. 부자는 더 이상 사치의 상징이 아니다. 나와 아무 상관없는 머나먼 세계의 이야기가 아니다. 내가 이 세상에 태어난 목적을 이루기 위해 꼭 이루어야 하는 것이었다. 우리는 모두 풍요를 느끼며 살아야 갈 가치가 있다. 모든 가난의 시작은 마음의 가난으로부터 시작되었다. 나의 존재는 무한한 능력을 갖고 있음에도 불구하고 스스로의 자신의 능력에 한계를 만들어놓고 그 안에 가둬둔 것이었다. 그리고 '나는 열심히 일만 하고 저축을 해야만이 살 수 있다.'라고 스스로 믿고 그렇게 행동했던 것이다. 그런 자신의 틀인 관념 속에서 살아가는 것이다. 더 넓은 세상 밖으로 나아가 많은 것들을 충분히 누릴 수 있는데도 말이다.

나도 이제 막 세상에 알을 깨고 나온 병아리다. 아직까지 세상에게 온

전히 나의 것을 내어주는 마음으로 사는 것이 연습이 되지 않아서 쉽지는 않을 것이라는 것을 잘 알고 있다. 하지만 나는 반드시 그렇게 살 것이다. 아무것도 바라지 않고 그저 내어주기만 하는 그런 세상에서 살 것이다. 물론 그러다가도 무의식에 잠재되어 있던 나의 과거의 가짜인 생각이 나와 당장 돈을 쫓게 되는 상황이 벌어질 수도 있다. 하지만 그 가짜 생각에 더 이상 끌려다니지 않을 것이다. 그럴 때마다 절대 포기하지 않을 것이다. 바로 나의 에고임을 알아차리고 나의 진짜인 목적 의식을 돌아볼 것이다. 그것이 나에게 진정한 행복을 가져다준다는 것을 이미 깨달았기 때문이다. 이 세상 살아가는 데는 세상으로부터 경험하고 배운 것을 세상과 함께 공유하며 하루하루를 재미있게 살아가는 것이 전부다. 세상은 언제나 내 편이고 나를 살려주려고 애를 쓰고 있다. 절대 나에게 빚을 지고 나를 외면하지 않는다. 세상 자체가 항상 받지 않고 주는 입장이기 때문이다. 그것이 세상이고 우주인 것이다. 하지만 인간만이 두려움을 가지고 있기에 굶어 죽을까 봐 가지려고만 집착하는 것이다. 번지점프도 일단 뛰어내려봐야 그 희열을 느끼고 뛰어본 사람만이 그 행복을 즐길 수 있는 것이다. 세상을 즐기기 위해서는 그만한 용기도 필요하다. 용기 있는 자만이 누릴 수 있는 특권이다. 그런 사람만이 부자가 되어 풍요로운 삶을 살 수가 있는 것이다. 지금까지는 나만의 좁아터진 세상 속에서만 괴롭게 살았다. 이제는 이 우주같이 넓은 세상에 나와 매일 공부하여 나의 시야를 넓힐 것이다. 이 세상 모든 이들의 학생이 되어 매일 배우며 공부할 것이다. 그리고 이를 세상과 나누며 하루하루를 재밌게 살 것이다.

　우리는 살다 보면 현재 일어나고 있는 그 상황에서 충분히 즐길 수 있는 순간임에도 불구하고 이를 그냥 지나쳐 놓치고 가는 경우가 많다. 무언가 하나를 완성시켜 결과물을 내는 데에만 너무 집착하기 때문이다. 그러다 보면 지금 현재 나에게 주어진 상황에서 내가 감내하고 배울 수 있는 소중한 교훈들이 있어도 이를 알아차리지 못하게 된다. 사람은 배우고 성장하면서 진짜인 '나'를 발견하게 된다. 그 깨달음 안에서 행복을 느낄 수 있다. 하지만 이 사실을 알지 못한다면 매 순간이 고통으로 느껴지기 때문에 당장은 빨리 피하고 싶은 마음뿐이다. 당장의 괴로움을 벗어나고자 현재를 즐기지 못한 채 미래에 완성되어 있는 결과물만 바라보고 살아가게 된다. 그리고 지금 존재하고 있는 이 순간은 언제나 미래를 위해 희생된다. 현재 나에게 펼쳐진 모든 상황들을 있는 그대로 수용할 줄 안다면 내가 성장할 수 있는 값진 기회가 될 것이다. 나를 훈련시켜 더욱 더 발전시킬 수 있는 무대가 될 것이다. 매 순간이 세상이 나에게 주는 선물임을 알아차려야 한다. 만약 지금 이 순간이 너무 힘들고 괴롭게만 느껴진다면 이는 곧 나의 에고의 목소리이다. 에고는 내 안의 가짜이고, 이는 익숙하고 편한 것을 좋아한다. 익숙하지 않은 상황에서는 불편함을 느끼기 때문에 자꾸 피하려고 하는 것이다. 우리가 처음 시도하는 것은 불편하고 어색하지만 반복적으로 학습한다면 누구라도 쉽고 익숙하게 해낼 수 있다. 하지만 처음에 마주하는 그 불편함을 잘 견뎌내지 못한다. 각자의 전문 분야에서 일하고 있는 사람들도 태어날 때부터 그 직업을 가지고 태어난 것이 아니다. 그 분야에 오랜 시간 노출시켰기 때문에 남들보다 더 잘 알고 익숙하게 일을 처리할 수 있게 된 것이다. 그만큼 오랜 시간을 투자하여 자신을 훈련시켜낸 결과일 뿐인 것이다.

지혜로운 자는 자신의 생각을 남에게 쉽게 털어놓지도 않고 타인의 기를 꺾고 시비분별을 하느라 시간낭비하지 않는다. 생각은 사실이 아닌 그저 가짜인 나의 에고일 뿐이기 때문이다. 그 에고에 끌려가지 않고 오로지 자신의 목표를 위해 전진하는 데 매우 바쁠 뿐이다. 나는 모든 사람들에게 배울 수 있는 지금 주어진 이 시간들이 너무나도 소중하고 감사하다. 우리는 모두 배우고 나눌 때 행복을 느낀다. 더 이상 우리에겐 '나중'이란 없다. 행복은 무엇을 성취해야만 이루어지는 절대 그런 어려운 것이 아니다. 나중에 행복해지는 것이 아니다. 지금 이 순간 당장 행복해져야 할 때다. 행복해지고 싶다면 지금이 바로 그럴 때다.

나를 사랑하는 데는
조건이 필요 없다

'나는 도대체 왜 이렇게 몸이 종합병원이야! 전생에서 무슨 큰 죄를 지었길래…' 하늘을 원망도 해보고 미운 마음도 생겼다가도 '그래, 그렇게 내가 모르는 큰 죄를 지었다면 벌을 받아야지. 나는 벌 받아도 싸. 지금까지 누리고 살았으면 됐지. 이기적으로 살았으니 죗값을 치르자.'라고 합리화하기 시작했다. 명상을 시작한 이후에도 계속해서 나 스스로 벌을 주고 있었다. 명상을 할 때조차도 채찍질을 하면서 스스로를 힘들게 하고 있었다.

한순간도 편하게 나를 가만히 놔두지를 않았다. 그저 못살게 굴지 못해 안달이었다. 명상은 나를 돌아보고 알아가며 깨닫게 되는 모든 순간들을 말한다. 하지만 나는 그냥 있는 그대로의 나의 상태를 알아가는 것이 아니었다. '명상하는 사람'이라는 나만의 정의를 또 하나 만들어놓고 그 안에 나를 끼워 맞추고 있었다. "명상하는 사람이 이래야 되겠어? 아직도 마음이 이렇게 시꺼멓게 더러워서 뭘 하겠다고! 쓰레기 같은 마음 진짜 지겹다. 이것 하나 제대로 마음을 버리지 못하고 이러고 있냐!"

왜 그렇게 나에게 관대해지지 못했을까. 당연한 결과였다. 지금까지 나에게 칭찬 한 번 해주지 않고 항상 스스로 벌하기만 했으면서 무엇이 나오길 바라는가. 콩을 심었으니 콩이 나온 것뿐이다. 과거에 학습된 모든 생각들이 습관으로 만들어진 것이다. 모든 나의 생각들은 나의 의도와 상관없이 깊이 뿌리박혀 있는 무의식에서 나오고 있었다. 무의식은 세상에 존재하지 않는 내가 만들어놓은 가짜 세상이었다. 과거에 나는 항상 경쟁에서 이겨야만 했기에 어떤 일이든 나만의 기준을 만들어 놓고 '잘해야 한다.'라고 의무감을 주고 살았다. 항상 지금의 상태보다 더 잘해야 했던 것이다. 만족이라는 것이 있긴 있었을까. 그 만족을 채우는 날이 죽기 전에 오기는 할까.

나는 코미디 프로를 보면서 웃느라 배가 찢어질 듯 아팠다. 눈물이 날 지경으로 배를 부여잡으며 깔깔댔다. '철커덕!' 문 열리는 소리에 갑자기

초긴장상태로 몸이 굳어버렸다. 순간 모든 웃음은 사라지고 그냥 숨고 싶었다. 나는 무슨 죄를 지었기에 그렇게 긴장을 해야만 했을까. 아빠가 퇴근하고 들어오셨다.

"지금 시험기간 아니냐? 시험기간에 이런 거 보고 배꼽 빠지게 웃을 때야? 책을 한 번이라도 더 봐도 시원찮을 판에…."

"아직 시험기간 많이 남았어요."

나는 변명이라도 해보려고 했다. 그런데 아빠는 바로 이렇게 말씀하셨다.

"어른이 말을 하면 '죄송합니다.' 한마디면 끝날 것을 어디서 그렇게 말대답을 꼬박꼬박해?"

나는 숨통이 막혔다. 하루하루가 긴장감의 연속이었다. 밖에서 일이 잘 풀리지 않는지 아빠의 얼굴은 늘 어두웠다. 긴 한숨 소리가 땅이 꺼질 듯했다. 문 소리는 언제나 나를 긴장감을 작동시켰다.

우리는 매 순간 그렇게 긴장 속에서 살아왔다. 아무리 내 안에 참인 영혼이 재밌게 살고 싶어도 늘 그렇게 하면 안 된다고 교육을 받아왔다. 원하는 말 한마디도 표현하지 못하도록 억눌린 채 살아온 것이다. 지금까지 그렇게 나의 영혼은 무시당하고 사랑을 받지 못했으니 나에게 쌓여 있는 감정과 분노가 일어나는 것이 당연하다. 영혼이 지금 아프다는 신호다. 사랑이 채워지지 못해서 사랑을 달라고 요청하는 신호다.

스스로를 사랑하는 법을 알지 못하는 사람은 타인도 사랑해줄 수 없다. 이것은 매우 당연한 이치인데도 불구하고 나는 이것을 깨닫기까지 굉장히 많은 시간이 걸렸다. 어렸을 때 다들 한번쯤 해본다는 첫사랑 경험도 없다. 첫사랑을 하면 다들 설렌다는데 그 감정이 무엇인지 한 번도 느껴보지를 못했다. 그래서 학창시절 친구들과 공감하지 못했다. 도대체 '사랑'이 무엇을 의미하고 어떤 감정인지 알 수가 없었다.

오늘 생일을 맞이한 지인에게 큰마음 먹고 선물을 준비했다. 나름 힘들게 예쁘게 포장도 하고 택배로 부쳐서 보냈다. 택배를 부치기까지 엄청난 시간과 수고가 필요했다. 그래도 지인이 받으면 좋아할 거라는 기대에 부풀었다. 하지만 내 예상과는 다르게 깜깜무소식이다. '잘 받았다.' 또는 '고맙다.'라는 말 한마디는 고사하고 연락 한 통도 없다. 나는 하루에도 수십 번 핸드폰을 쳐다봤다. 계속 상대의 반응을 기다리고 있었던 것이다. 일주일이 되어도 연락이 없자 용기 내 먼저 전화를 걸었다. "내가 저번에 뭐 하나 보냈는데. 잘 도착했나 궁금하기도 하고 잘 지내나 해서 연락했지.", "아, 맞다! 저번 주에 뭐 하나 왔더라." 나는 속으로 '어떻게 받아놓고 말 한마디 없이 입을 싹 씻을 수가 있나.' 너무도 어처구니가 없었다.

나는 선물 하나 해놓고 대답을 기다리며 일주일 동안 노예처럼 살았다. 상대에게 기대하는 마음이 얼마나 고통스러웠는지 모른다. 단순히 주고 싶은 마음으로 선물을 한 것이라면 상대의 행동이 왜 나의 감정 상태에 영향을 미치는 것일까. 진정한 사랑으로 주었을까. 아니면 '고맙다.', '내가 최고다.'라는 말이 듣고 싶은 마음에 준 것인지 돌아보았다. 그랬다. 나한테 사랑이 부족했는데 어디에 사랑을 줄 수가 있었겠는가. 계속 내 안에서는 사랑을 갈구하기 때문에 외부에서 채우고자 했던 것이다. 내가 진정 상대에게 베푸는 마음으로 주었다면 애초부터 기대하는 마음은 생기지 않았을 것이다. 오히려 계속 주고 싶은 마음만 커졌을 것이다. 주고 나서도 주었다는 사실도 잊고 살았을 것이다.

진정한 사랑은 절대 억지로 만들어지는 것이 아니다. 내 안에 사랑이 채워지면 아무런 조건 없이 그저 내어주고 싶은 마음이 우러나오게 된다. 그렇다면 내 배고픈 영혼은 어떻게 채워질 수 있을까?

"고마워.", "미안해.", "사랑해.", "그럴 수도 있지!", "오늘도 수고 많았어!", "네 잘못 아니야.", "그래도 괜찮아." 이런 말들을 하루에 몇 번이나 하는가? 주변 사람에게는 많이 하는가? 그렇다면 내 자신에게는 어떤가? 나의 영혼은 저런 말들을 너무나도 듣고 싶어 했다. 지금도 간절히 원하고 있을지도 모른다. 듣기만 해도 마음이 녹아내린다. 듣는 순간 사랑이 채워진다. 하지만 나는 저런 말들을 과거에 듣지 못하고 자랐다.

식당에서 저녁을 먹고 계산하려는데 종업원이 먼저 온 다른 손님과 정산 중이었다.

"얼마예요?" 손님이 묻는다. "50,000원입니다." 종업원이 답했다. "감사합니다. 너무 맛있었어요! 자주 와야겠어요." 손님은 활짝 웃으며 종업원에게 고마운 마음을 가득 담아 전달하고 있었다.

나는 순간 정당하게 내 돈을 주고 서비스를 제공받는 것은 당연하다고 생각했다. 이렇게 당연한 일을 왜 감사하다고 말을 하는지 도무지 이해가 되지 않았다. 늘 부정적인 감정들이 하루에 수십 번도 넘게 올라왔다. 기분이 좋았다가도 갑자기 돌변했다. 상대를 이유 없이 미워하기도 하고 화가 갑자기 치밀기도 했다. 내 안의 감정들은 미친 듯이 요동을 쳤다. 왜 그러는 건지 나도 도무지 이유를 알 수가 없었다. 나는 기분이 안좋은데 상대가 웃으면서 이야기하면 꼴도 보기 싫었다. 너무나도 괴로웠다.

나는 명상을 통해 이런 나의 과거를 돌아보았다. 늘 부정적인 감정들로만 하루하루를 살아간 나의 과거는 정말 끔찍했다. 나는 몸이 아닌 마음이 아픈 사람이었다. 나의 영혼은 사랑이 부족하다 못해 목숨이 위태로워보였다. 그래서 늘 인정받기만을 원했던 것이다. 인정을 받아서라도 사랑을 채우려 했던 것이다. 나는 이제 원인을 알았으니 해결을 해야만했다. 죽어가고 있는 내 영혼을 살려주기 위해 무엇이든 해야 했다. 무조건 영혼이 행복할 수 있도록 모든 방법을 찾아내기 시작했다. 이미 결핍된 사랑을 다 채워주기에는 다른 사람이 주는 사랑만으로는 턱도 없었다. 절대 외부에서 사랑이 채워질 수 없음을 깨달았다. 가장 빠르게 채워줄 수 있는 사람은 바로 '나 자신'이었다. 당장이라도 듣고 싶으면 내 입으로 뱉어내기만 하면 되는 것이었다. 그동안 못 받았던 모든 사랑을 듬뿍 주기로 마음먹었다. 그리고 영혼이 춤을 출 수 있게 기쁜 일들을 끊임없이 만들어주기 시작했다. 내가 하고 싶은 일들로만 하루를 채워나갔다.

요즘 나의 일상을 말할 것 같으면 매 순간이 행복 그 자체다. 부정적인 감정도 더 이상 거부하지 않게 되었다. 오히려 부정적인 감정은 나에게 아프다고 알려주는 신호임을 알게 되었다. 그래서 그 신호를 알아차리고 내가 해결할 수 있다는 것에 감사를 느꼈다. 신호를 보내준 영혼에게 감사했다. 신호를 빨리 알아차리기 위해서는 매 순간 의식이 깨어 있어야 했다. 그리고 나의 행동을 제 3자의 입장으로 관찰하며 의식적으로 알아차리려고 노력했다. 관찰을 하다 보면 내가 원하지 않은 행동을 무의식적으로 하고 있을 때가 있다. 그러면 나는 그런 나를 알아차리고 과거의 내 무의식이 작동했음을 알아차렸다. 그리고 그 행동이 어디서부터 왔는지 스스로 사유하는 시간을 가졌다. 스스로에게 질문을 하면서 나의 영혼과 매 순간 소통을 하는 시간을 가졌다. '화가 났구나. 괜찮아. 그럴 수 있어. 근데 이 상황에서 무엇 때문에 화가 났을까? 어떤 것이 마음에 들지 않았던 걸까? 그렇다면 그 마음은 어디에서부터 시작된 걸까? 다른 사람은 느끼지 못하는 그 부정적인 감정을 왜 나만 느끼고 있는 걸까? 내가 살면서 그렇게 세뇌를 받고 살았구나. 그럼 내가 만든 거네. 이젠 그런 거 없잖아. 나만 가지고 있는 거니까 이 세상에는 원래 없는 거야.'라고 끊임없이 대화를 이어나갔다. 이 모든 것은 바로 명상의 힘이었다.

나는 명상을 통해 매 순간 나를 돌아보고 사유하는 습관이 생겼다. 그동안 함부로 대했던 나 자신을 용서하는 법도 배웠다. 그리고 아픈 내 영혼을 치유해주는 법도 배웠다. 나는 매일 아침에 눈 뜨자마자 항상 내 안의 참 영혼에게 사랑하고 고맙다는 말을 아낌없이 주기 시작했다. 나는 너무나도 괴로웠고 살고 싶었다. 더 이상 나를 괴롭게 만드는 가짜인 감정에 놀아나고 싶지 않았다. 그러기 위해서는 목숨 걸고 내 영혼을 지켜야 했다. 변명이 필요 없었다. 끊임없이 나를 벌하기만 했던 내 과거를 용서하며 무조건 사랑만이 답이라는 것을 알았다. 그 어떤 상황이 오더라도 내 영혼이 즐겁고 행복해야 한다.

사랑을 주는 것도 익숙하지 않으면 어려울 수 있다. 누구나 처음 접하는 것에는 적응하는 시간이 필요하다. 하지만 반복적으로 하다 보면 금방 익숙해진다. 영혼이 아픈 상태에서는 어떤 일을 해도 성공할 수 없다. 지금까지 내 영혼을 무시해서 아프게 한 세월만으로도 충분하다. 그래서 나는 무조건 내 아픈 영혼을 살려내야 했다. 아무런 변명도 필요 없었다. 그렇게 나는 오늘도 내 자신을 아끼고 사랑하고 있다.

05

나에게 온전히
집중하는 시간

　하루 종일 잠이 쏟아진다. 그저 남 일만 같았던 코로나가 현실로 느껴지는 순간이다. 한 집 안에 있으면서도 모두 각자 방에서 격리되어 따로 생활하기 시작했다. 새로운 경험이다. 집만큼은 편하게 숨을 쉴 수 있는 허용된 공간이었다. 하지만 이젠 그나마도 허락되지 않는다. 하루 종일 마스크로 가려진 얼굴, 줄어든 대화, 오직 마주할 사람이라곤 나뿐이다. 방 안에 꼼짝없이 갇혀 철저한 격리수칙을 지켜본다. 기저질환을 가지고 있었던 나는 코로나 확진이 된 날 갑자기 숨이 안 쉬어졌다. '이러다 죽겠구나!' 싶었다. 순간 다시 마음이 약해졌다. 아직도 죽음에 대한 두려움이 남아 있는지 세상이 나를 시험하고 있음을 알아차렸다. 일단 숨을 쉬어야겠다는 생각이 번뜩 들었다. 손을 더듬거리며 예전에 사용했던 천식호흡기를 얼른 움켜잡았다. 일단 급한 불을 끌 수 있었다. 천천히 나를 다시 돌아보았다. 내가 이 상황에서 느꼈던 모든 감정들을 있는 그대로 바라보았다. 그리고 어차피 모든 것은 지나갈 것임을 이미 알고 있기에 다시 호흡을 깊게 해보았다. 이미 완벽해진 내 모습을 상상했다. 나는 이미 건강한 상태임을 온전히 믿었다. 얼마 가지 않아 호흡이 다시 돌아왔다. 치료 과정 중에서 매번 재발된 시기를 돌아보았다. 나는 내 생각에 갇혀서 내가 옳다고 주장하고 있었다. 나 잘난 맛에 살았었던 것 같다. 몸에 에너지가 없을 때는 쥐 죽은 듯 있다가도 다시 조금이라도 살 만하면 세상이 나를 구해준 것도 까마득히 잊고 살아갔다. 오로지 내 노력으로 나은 줄로 착각했던 것 같다. 나는 곧 목숨이 끊어질 것 같아야만 정신을 차릴 수 있었다. 세상은 나를 너무나도 잘 알고 있었다. 그럴 때마다 다시 나에게 질병이라는 조건으로 정신을 차리게 해주었던 것이다.

자기 스스로를 사랑하고 아껴주어야 몸은 나에게 복수하지 않는다. 몸은 정직하다. 인간은 적응의 동물이다. 사람마다 적응하는 데 걸리는 시간이 다를 뿐, 적응하면 바로 익숙해진다. 익숙해져 있는 모든 순간을 당연하게 생각하고 감사할 줄 모른다. 우리가 태어났을 때를 생각해보자. 아무것도 없이 벌거벗은 몸으로 이 세상에 왔다. 살아가면서 하나씩 소유하기 시작한 것이다. 세상이 잠시 빌려준 것도 모르고 애초부터 자기 것인 줄 착각하고 살아간다. 사실 이 세상에 내 것은 없다. 이 몸과 호흡, 생명조차도 내 것이 아니다. 내 것이 아닌 것에는 절대 함부로 대해서는 안 된다.

우리가 살면서 얼마나 스스로를 돌아보지 못했으면 세상이 코로나라는 환경을 만들어줬을까 깊이 사유해보아야 한다. 우리는 무엇이 그토록 중요했을까. 내 자신을 위해 단 5분의 시간도 내지 못할 정도로 바빴던 이유가 무엇이었을까. 영혼이 떠날 때 어차피 다 놓고 갈 그것이 뭐 그렇게 대단한 거라고 그 순간에는 그렇게 놓지를 못하고 집착하며 살아갔을까. 마치 그것이 없으면 세상이 무너지는 줄 착각하면서 말이다.

인간은 살 만하면 그저 당장 살기에 바빠 세상이 아무리 신호를 보내도 알아차리지 못한다. 목숨이 끊어질 것 같은 통증을 느낄 때 비로소 정신을 차린다. 분명히 세상은 계속해서 우리에게 신호를 주고 있었다. 하지만 이를 알아차리지 못하면 더 강한 자극으로 신호를 보낸다. 이미 내가 통증을 느낀다는 것은 그 전에 자극을 알아차리지 못하고 무시했다는 증거다. 건강할 때는 몰랐던 것들을 아프고 나서 알게 된 것들이 너무나도 많다. 그동안 얼마나 세상을 무시하고 감사할 줄을 몰랐으면 나에게 이 모든 것을 깨닫게 하려고 조건을 만들어주신 것이다. 내 마음대로 함부로 몸을 써버리다가 죽을 것 같은 상황이 닥치자 그제서야 '아차!' 싶었다. 이제 다신 안 그러겠다고 살려달라고 애원했다. 살아 있다는 것 자체만으로도 소중하다는 것을 모르고 살아왔다. 정신 못 차리고 있는 나를 보고 여지없이 세상은 나를 죽음의 문턱까지 끌어다 놓았다. 모든 고통을 몸으로 다 겪어내고 나서야 나는 깨닫게 된 것이다. 그저 숨 쉬고 있는 그 자체가 감사한 일이었다는 것을.

나는 15년 전에 요가를 처음 만났다. 매일 새벽마다 목숨 걸고 수련을 했다. 워낙 평소에 몸 쓰는 걸 좋아했고, 요가를 내 몸을 단련시키는 데 좋은 운동이라고 생각했다. 요가 동작을 하는 시간만큼은 정말 행복했다. 오로지 내 호흡과 나의 몸에만 집중할 수 있었다. 안 되던 동작들이 하나씩 완성될 때마다 큰 성취감을 얻었다. 근육을 이완시키며 몸이 개운해짐을 느낄 수 있었다. 그 어떠한 것도 방해받지 않고 나에게 집중할 수 있었던 유일한 시간이었다. 그래서 모든 것에 금방 싫증을 내던 내가 꾸준히 할 수 있었던 이유였다.

나는 일상생활이 행복하지가 않았다. 그래서 더 새벽 수련 시간이 기다려졌다. 매 순간 행복을 느끼지 못했기 때문에 내가 행복을 느낄 수 있는 순간에만 나의 집중도를 높였던 것이었다. 요가가 또 하나의 집착이 되어버렸다. 요가 외에 다른 일들은 그다지 재미가 없었다. 병원에 입원해 있을 때도 링거 바늘을 꽂은 상태로 병원 복도에서 수련을 할 정도였다. 요가를 하지 않으면 좀이 쑤셨다. 너무 괴로웠다. 나는 단순히 요가를 사랑하는 마음이라고 생각했다. 그만큼 하나에 집착이 커져버렸다는 것은 그 반대의 상황도 분명 존재한다는 것을 인지하지 못했다. 만약 요가를 하루에 2시간 30분 동안 수련을 한다고 하면 나머지 요가를 하지 않는 21시간 30분 동안은 별로 재미를 느끼지 못하게 되는 것이다. 육체는 반드시 한계가 있기 마련이다. 몸을 24시간 쓸 수도 없는 노릇이었다. 그랬다가는 몸이 지쳐서 버텨내지를 못할 것이다. 실제로 24시간은 아니지만 수련 시간 이후에 나의 연습은 계속되었다. 안 되는 동작을 될 때까지 연습하며 하루를 보내기도 했었다. 그리고 나는 몸을 거의 쓸 수 없을 정도로 부상을 입어 몇 달간은 아예 수련을 할 수 없는 지경까지도 왔었다. 잘 되지 않는 동작이 있으면 그 부족한 내 모습을 수용하지 못했다. 꼭 해내야만 성에 찼다. 몸이 아프든 말든 될 때까지 연습했다. 무조건 지금 무리를 해서라도 완성시켜야 했다. 몸은 아직 준비도 되지 않았는데 급한 내 마음 때문에 항상 질질 끌려다녔던 것이다. 수련이 아닌 혹독한 고문을 시켰던 것이었다.

처음에는 개운하고 시원했다. 점점 요가만 하고 나면 몸이 여기저기 쑤시고 통증이 느껴졌다. 처음에는 몸의 정렬이 맞추어져가면서 오는 당연한 현상이라고 단순하게 생각했다. 하지만 몇 년이 지나면서 내 몸의 균형은 점점 틀어지고 있음을 느꼈다. 진정한 요가를 즐기지 못하고 겉으로 흉내만 내고 있었던 나 자신을 알아차렸다. 몸과 마음이 일치되지 않기 때문에 불균형이 일어나는 것이다. 모든 병은 불균형에서부터 시작되었다. 통증이 느껴지고 이미 질병이 왔다는 것은 몸을 너무 과하게 쓰고 있다는 몸의 신호였다. 나는 오히려 요가를 하지 않는 사람보다도 더 균형이 깨져 있었다. 물론 그 시간도 나의 또 다른 한계를 극복하며 나름의 배움이 있었다고 생각한다. 하지만 요가의 목적은 그것이 다가 아니었음을 깨닫게 되었다.

　모든 순간에서 알아차리고 있는 그대로 수용할 수 있는 힘이 필요했다. 그러기 위해서는 나에게 집중하고 항상 의식이 깨어 있어야 했다. 매 순간 스스로를 알아차리지 못하면 내 안에서 보내는 신호들을 무시하게 된다. 나만 옳다고 생각하기 때문이다. 이런 나의 잘못된 생각들이 나의 습관을 만들었다. 이 모든 것이 반복되면서 결국 질병이나 부상까지 얻게 되는 것이다.

　매 순간 의식이 깨어 있어야 했다. 그렇지 않으면 나의 잘못된 습관들을 무의식적으로 하게 된다. 그래서 항상 해놓고 후회하는 것이다. 정신을 차리고 나면 항상 이미 물은 엎질러져 있었다. 계속 내가 원치 않는 행동들이 반복되고 그것이 하루하루 쌓여 고통과 괴로움만 남게 되는 것이다. 진정으로 원했던 행동이 아니었기 때문이다. 명상을 통해 매 순간 나를 돌아보며 의식적으로 행동하기 시작했다. 예전에는 새벽 수련하는 그 시간 동안에만 의식이 있었다면 지금은 매 순간 깨어 있는 삶을 살게 되었다. 그리고 지금 일어나고 있는 모든 상황이 있는 그대로 받아들여지기 시작했다. 모든 것은 지나가게 되어 있다는 것을 몸소 체험했다. '어차피 근육은 다 풀릴 건데 뭐! 그냥 호흡에 집중하고 이 순간의 여유로움을 즐기는 거야.', '오늘 못 하면 내일도 있잖아.'라고 스스로와 대화를 해나갔다. 급한 내 마음에 더 이상 몸이 끌려 다니지 않도록 충분히 준비될 때까지 호흡하며 기다려주었다. 모든 것을 믿고 인내하면 반드시 나에게 예상치 못한 시점에 선물이 주어짐을 느꼈다. 항상 이미 받았음을 믿고 감사한 마음으로 살아가니 모든 것은 알아서 척척 순리대로 해결되었다. 그리고 지금 주어진 시간에 내가 즐길 수 있는 일들로 채워나갔다. 그러다 보니 나도 모르는 사이에 시간은 지나가 있었다. 괴로움을 느낄 틈이 없었다. 어느 순간 내가 강하게 믿었던 그 모든 상상은 진짜 현실로 내 눈앞에 펼쳐져 있었다.

처음에는 누구나 잘 안 되는 동작들이 있기 마련이다. 하지만 요가를 하는 목적에 있어서는 동작을 잘하고 못하고는 아무런 상관이 없었다. 그 순간에 오로지 나에게 집중하며 알아차리는 것이 핵심이었다. 나는 그 순간 내가 마주한 나의 한계점을 객관적으로 들여다보게 되었다. 안 되더라도 너무 잘하려고 과하게 애쓰지 않았다. 그냥 최선은 다하되 오늘 완성되지 못하더라도 그 자체를 있는 그대로 바라보고 인정하기 시작했다. 부족하면 부족한 대로 내 모습을 있는 그대로 수용할 줄 알게 되었다. 내 몸과 끊임없이 대화를 이어나갔다. 내가 수용할 수 있는 범위에서 몸은 균형을 찾아가기 시작했다. 또 근육이 늘어날 때도 느껴지는 감각을 그냥 있는 그대로 바라보게 되었다. 통증으로 받아들이는 순간 고통으로 느껴졌다. 하지만 호흡을 하며 그 통증을 있는 그대로 바라보고 그냥 기다려주었다. 급한 마음에 더 힘을 주거나 과하게 잡아당기게 되면 근육은 더 저항하게 된다. 그러면서 근육에 파열이 생겨 부상을 입게 되는 것이다. 근육도 시간이 필요하다. 호흡으로 부드럽게 바라보고 기다리면 어느 순간 근육이 '탁'하고 풀어짐을 느낄 수 있었다.

'침묵은 신과의 대화이다.'라는 말이 있다. 신은 곧 내 안의 영혼인 진짜 '나'다. 나와의 대화를 통해 스스로를 알아가며 매 순간 알아차리는 것이다. 지금 하고 있는 행동들을 통해서 과거에 내가 만들어놓은 가짜 무의식의 습관인지 참인 진짜인지 구분할 수 있어야 한다. 그러기 위해서는 나와 충분히 시간을 갖는 것이 매우 중요하다. 나와 소통이 되어야 그어떤 사람과도 소통을 할 수가 있다. 나는 요가와 명상을 통해 나에게 온전히 집중하는 시간을 가질 수 있었다. 그래서 매 순간 나를 돌아볼 수 있게 되었다. 돌아보고 알아차리는 순간 나의 삶의 변화는 시작되었다. 지금 일어나고 있는 모든 잘못된 상황의 원인은 결국 내 안에 있기 때문이다.

06

잘했어, 잘하고 있어,
그리고 잘될 거야

스테로이드를 복용한지 한 달째 되는 어느 날, 새벽에 시원한 공기를 마시고 싶었다. 시골은 한적하니 조용했다. 인도는 따로 없었지만 도로에 차가 많지 않아 다닐 만했다. 자전거를 끌고 나가 경사가 급한 도로에서 속도 내며 내려가고 있었다. 저 멀리서부터 도로 한가운데 돌멩이가 보였다. 나는 순간 돌멩이를 보고 아무 생각이 들지 않았다. 그냥 그곳으로 향하고 있는 내 몸을 지켜보고 있을 뿐이었다. 순간 나는 돌발 상황에 대처할 수 있는 힘을 잃었다. 아무런 생각 없이 머리가 하얘졌다. 결국 돌멩이에 걸려 자전거가 뒤집혔다. 몸이 날아가 시멘트 바닥에 얼굴을 박았다. 다리는 꺾인 상태로 자전거에 깔려 있었다. 움직일 수가 없었다. 몸이 만신창이가 되어서야 정신을 차렸다. 이는 부러져서 피가 철철 나고 있었다. 정신을 차리니 통증이 느껴지기 시작했고 나는 길바닥에서 엉엉 울고 있었다. 그랬다. 무의식은 그 상황이 위험하든 그렇지 않든 그런 것은 잘 모른다. 그냥 자기가 익숙한 곳으로 안내할 뿐이다. 나는 그런 상황을 처음 겪어봤기 때문에 돌을 피해야겠다는 생각 자체가 뇌 속에 없었던 것이다. 무의식이 계속 나를 돌멩이로 이끌었다. 결국 무릎 십자인대 파열로 수술을 하게 되었다. 수술을 위해서는 스테로이드 약을 끊어야 했다. 모든 약물이 수술에 지장을 생기게 할 수 있기 때문이다. 갑자기 끊으면 위험한 약이었기에 수술 날짜를 미뤄두고 서서히 약을 끊어갔다. 약을 끊은 날 바로 수술 날짜를 잡았다. 수술이 끝나고 꼼짝없이 움직이지도 못한 채 몇 달을 그렇게 살아갔다. 질병이 완치되어 끊은 것이 아니었기에 좀 더 경과를 지켜봐야 했다. 그래도 다시 재발되지 않기를 기대해보았지만 여지없이 병은 바로 재발되었다. 두 번째 치료가 시작되었다.

약의 부작용으로 몸이 너무 힘들었다. 빨리 약을 끊고 싶었지만 말처럼 쉽진 않았다. 병이 그렇게 빨리 치료되지가 않았다. 나는 약에 대한 두려움이 생기기 시작했다. 약이 나를 더 아프게 하고 있다고 생각했다. 더 이상 내 몸에 독한 약을 넣고 싶지 않았다. 우연히 도서관에서『약을 끊어야 병이 낫는다』라는 책을 발견했다. 나는 바로 약 없이도 치료가 가능한 자연치유에 대해 공부를 시작했다. 자연치유를 연구한 다양한 원장님들을 찾아보기 시작했다. 방송출연도 하셨고 책도 쓰신 분이 광주에서 계신다는 소식을 듣자마자 당장 찾아갔다. 자연치유로는 아주 유명한 분이라고 해서 나는 무조건 원장님이 시키는 대로 따르기로 했다. 여기서만 제대로 하면 반드시 나을 수 있을 거라 굳게 믿고 과감하게 약을 끊었다. 그리고 치유의 여정이 시작되었다.

하루에 5번 이상의 커피 관장을 했다. 무조건 생채식을 해야 했다. 한겨울에도 각종 유기농 채소들을 사서 덜덜 떨며 오로지 생채소만을 씹어 먹었다. 익힌 음식과 '남의 살덩이'라고 하는 동물성 단백질은 절대 허용되지 않았다. 생선은 물론이고 조개, 다슬기와 같은 갑각류를 포함한 해산물도 예외는 없었다. 흰색 음식, 즉, 쌀, 설탕, 밀가루와 같은 음식들은 모두 금지식품이다. 먹을 수 없는 것은 나열하자면 한도 끝도 없다. 차라리 먹을 수 있는 것만 말하는 것이 더 수월할 것 같다. 오로지 생채소, 생과일, 볶은 현미, 견과류, 식물성 오일, 그리고 원장님께서 따로 처방해준 영양제 뭐 이 정도다. 채식으로 부족할 수 있는 영양분은 비싼 영양제로 따로 사서 먹었다. 그 상황에서는 먹을 수 있는 것이 있다는 것만으로도 감사했다. 하지만 그것도 하루 이틀이었다. 3개월이 지나자 슬슬 몸에서 신호를 보내기 시작했다. 어느 날은 밤에 된장국이 너무 먹고 싶었다. 김치도 너무 그리웠다. 내가 어렸을 때부터 아무 탈 없이 잘 먹었던 음식들을 모두 제한시켰다. 나는 흰색이 아닌 현미밥은 괜찮을 줄 알았다. 하지만 생것이 아니라고 절대 못 먹게 했다. 나는 그런 금지된 음식을 먹어서 몸이 치유되는 데 문제가 생길까 봐 목숨 걸고 참아냈다. 길가에 가다가 보이는 풀이 모두 음식으로 보이기 시작했다. 마치 나는 풀떼기를 뜯어먹고 있는 소가 된 기분이었다. 내 입안은 그야말로 녹즙기였다.

요로법도 시작했다. 처음엔 도저히 못하겠더니 이왕에 시작한 일이고, 내가 선택한 길이니 무조건 다 해보기로 했다. '내가 낫기만 한다면 무엇을 못하리.' 컵에 받아내어 단숨에 마셔버렸다. 보리차라고 생각했다. 내 소변이 최고의 약이라는 생각에 나중에는 단 한 방울도 남기지 않고 모두 받아내기 바빴다. 한 달에 한번은 간 청소를 해야 한다면서 단식을 시켰다. 오직 사과즙만 먹을 수 있었다. 그리고 올리브유 한 잔을 오렌지주스와 섞어서 단숨에 마시고 변을 보게 했다. 그 변으로 간에 있는 돌이 빠져나갈 수 있도록 하는 원리라고 한다. 기름 한 잔을 먹었을 때 그 메스꺼움은 이루 말할 수가 없었다.

나는 점점 정신이 피폐해지는 걸 느꼈다. 자유를 느끼지 못하는 식사 시간이 곤욕이었다. 원래부터 좋아했던 채소, 과일도 더 이상 먹고 싶지 않았다. 나는 점점 음식에 집착하기 시작했다. 먹으면서 죄의식을 느꼈다. 금지된 음식을 먹으면 큰일 난다는 두려움에 사로잡혀 있었다. 하지만 내가 먹고 싶은 것에 대한 자유를 누릴 수 없으니 내 안의 영혼은 항상 불행했다. 아무리 무엇을 먹어도 채워지지 않았다. 아무 맛이 나지 않는 볶은 현미 500g 한 봉지를 그 자리에서 그냥 다 먹어치웠다. 아무리 먹어도 허기가 졌다. 채소를 잔뜩 놓고 계속 뜯어먹었다. 턱에 통증이 오기 시작했다.

내 영혼은 굶주린 상태였다. 평소에 좋아하지도 않았던 아이스크림, 과자, 치킨, 피자 같은 인스턴트 음식들이 갑자기 온통 내 머릿속을 지배하기 시작했다. 나는 하루 종일 음식 생각에 사로잡혀 있었다. 냉동실에서 발견된 초코 아이스크림을 몰래 꺼냈다. 일단 한 입을 베어 먹고 얼른 뱉었다. 맛만 보고 목구멍에 넘기지 않으면 된다는 생각에 이상한 행동을 시작했다. 하루에 1시간은 기본으로 먹는 시간에 할애했다. 씹기라도 해야 먹은 것 같았다. 결국 방에 있는 뻥튀기 한 자루를 몰래 가져와 의식 없이 3시간이 넘도록 계속 먹어댔다. 턱관절에 문제가 생기기 시작했다. 그리고 나의 질병은 재발되었다.

아무리 누군가는 어떠한 방법이 좋다고 주장을 해도 나의 상태와 적절한 방법인지 따져보아야 한다. 모든 사람은 각자의 생각을 말할 뿐이다. 그 사람 입장에서는 좋을 수 있어도 모든 사람은 환경과 조건이 다르기 때문에 다 적용될 수가 없는 것이다. 가장 확실한 것은 정신적으로 고통을 받고 있는 상황에서는 그 어떠한 병도 나을 수는 없다는 것이다. 마음의 질병이 곧 모든 병의 원인이다. 몸과 마음은 하나로 연결되어 있기 때문이다. 내 안에 영혼이 행복하지가 않으면 그 어떤 외부 요인으로도 채워질 수가 없다. 나와 세상의 에너지가 연결되지 않기 때문이다.

나는 나의 경험이 결코 실패라고 생각하지 않는다. 모든 상황은 실패도 성공도 없다. 그냥 우리는 모든 상황을 경험할 뿐이고 각자 그 경험을 통해 배워나갈 뿐이다. 이러한 상황을 사람들은 '실패'와 '성공'이라고 겉만 보고 만들어놓은 것이다. 언제든지 나의 잘못된 생각으로 실수를 할 수는 있다. 내 실수를 통해 내 앞에 벌어진 모든 사건들을 수용하고 깨달았다면 나는 또 한걸음 성장한 것이다. 나는 이제 절대 나의 지난 과거를 후회하지 않는다. 모든 경험은 나의 자산이 되었고 지금의 나를 만드는 데 필요한 다양한 재료로 사용되었기 때문이다.

과거에 나는 '아쉬탕가 요가'를 만나면서 하루도 빠짐없이 새벽에 요가 수련을 했다. 아쉬탕가 요가는 한 동작에 오랜 시간 머물러 있지 않고 계속 움직이는 역동적인 요가다. 기존에 했던 요가들과 달라서 너무 매력적으로 느껴졌다. 나는 한 가지 일에 금방 싫증을 잘 냈다. 그래서 오래 머물러 있는 일은 잘 참아내지 못했다. 그런데 나는 아쉬탕가 요가를 하는 내내 지루할 틈을 느낄 시간이 없었다. 그래서 그 당시 요가에만 미쳐 있었다. 모든 것이 수용되지 못하는 순간 불행은 시작된다. 모든 상황에서 자유롭지 못한 것이다. 내가 싫어했던 상황들을 피하는 것이 아니라 왜 싫어하는지를 깊이 돌아보아야 했다. 그 순간 알아차리지 못하면 결국 내가 좋아하는 것에만 지나치게 관심을 두게 되면서 집착이 생기게 되는 것이다. 자신의 무의식인 관념만 키워나가게 된다. 명상을 통해 충분히 나를 돌아보고 깨달았다. 분명 모든 것에는 장단점이 있는데 내가 그 장점을 느껴보지 못했던 것이다. 내가 경험한 것만 뇌 속에 저장되어 있다. 아직 경험해보지 못한 일은 좋은지, 싫은지조차도 알 수 없는 일이다. 안 해봤기 때문이다. 그나마 내가 했던 경험이 좋았던 기억으로 남아 있다면 오직 그것만이 좋은 줄 착각하는 것이다. 나는 그 이후로 또 다른 성격의 '하타 요가'를 경험하게 되었다. 하타 요가는 한 동작에 평균적으로 15분 정도 머무른다. 최대는 1시간까지도 머문다고 한다. 예전엔 생각지도 못한 일이다. 하지만 나는 새로운 하타 요가에 도전하면서 또 다른 나를 발견하게 되었다. 항상 급했던 내 마음을 바로 잡아줄 수 있었다. 빨리 빨리 몸을 움직여줘야만 했던 나의 행동을 돌아볼 수 있었다. 마음이 몸을 기다려주는 법을 배워나갔다.

나는 상상력의 힘을 믿고 실행하면서 처음에는 잘 안 된다고 생각했다. 내가 상상한 대로 바로 오지 않았기 때문이다. 그 순간 내가 100% 믿고 행했는가를 돌아보아야 했다. 나는 그러지 못했다. 주문해놓고도 '이거 오는 거 맞아?', '나 잘하고 있는 거야?', '근데 왜 아직도 안와?', '지금 이건 내가 원하던 거랑 완전 반대 상황이잖아!' 나는 항상 이상하게도 내가 주문한 정반대의 상황이 먼저 도착했다. 그럴 때마다 나는 다시 무의식의 에고가 작동했다. 모든 상황을 불신으로 바라보기 시작했다. 하지만 남는 건 처참한 현실뿐이었다. 결국 오로지 믿을 것은 우주밖에 없었다. 하지만 절대 우주에게 달라고 구걸해서는 안 된다. 우주는 풍요를 느끼는 사람에게 풍요를 가져다준다. 내가 제발 달라고 애원한다는 것은 지금 내가 부족하다는 것을 스스로 증명하고 있는 것이다. 우주는 주문하면 무조건 가져다준다는 믿음을 갖고 이미 이루어진 상태를 느껴야 한다. 하지만 중간에 어떤 상황이 와도 가던 길을 가는 것이 중요하다. 주문한 메뉴가 잘못 나올 수도 있는 것이다. 그럴 때 내 음식이 안 나올까 봐 초조한 마음을 가질 것인가? 아니면 내가 원하는 메뉴를 다시 한 번 정확하게 말하고 설레는 마음으로 기다릴 것인가? 당장에 일어난 결과는 중요하지 않다. 가는 과정 중에 일어난 단순한 현상일 뿐이다. 내가 어떤 상황에서도 세상에 대한 믿음이 남아 있는지 세상은 계속 나를 시험하고 있는 것이다. 현재 일어난 상황이 내가 원하던 것이 아니었다면 그냥 무시하면 된다. 그리고 이미 이루어졌다고 생각해야 한다. 가던 길을 포기하지 않고 믿고 행한 사람에게만 주어지는 우주의 선물임을 기억해야 한다. 나는 확신한다. 이 우주의 법칙을 이미 깨달았다면 당신이 원하는 모든 일은 반드시 이루어질 것이라는 것을.

07

존재 자체로 아름다운
당신

우리는 어렸을 때부터 항상 비교를 당하면 살아왔다. '누구는 100점 받아 왔는데 너는 점수가 왜 이러니?', '누구는 저렇게 활발하게 잘 노는데 우리 애만 왜 이렇게 조용하게 앉아서 놀까? 사회성이 너무 없는 거 아닌가?'

모든 아이의 특성을 부모의 관점으로 해석해 그 아이를 있는 그대로 보지 못하게 된다. 자기가 원하는 아이의 상으로 억지로 만들려고 애를 쓴다.

어렸을 때부터 나는 눈치만 보며 살아왔다. 막내라는 이유로 혼날 수 있는 시간이 미뤄졌다. 세 살 터울인 언니는 항상 먼저 혼이 나는 상황에 놓여 있었다. 뒤에서 혼나는 상황을 지켜보며 쥐죽은 듯 숨어 있었다. 모든 상황이 두렵고 무서웠다. 나는 잘못된 행동으로 집안을 전쟁으로 만들고 싶지 않았다. 늘 칭찬을 받기 위해 부단히 노력했다. 표현하고 싶은 모든 감정을 숨기며 오로지 칭찬받기 위해 부모님이 원하는 행동만 하려고 애를 썼다. 칭찬을 받아야만 사랑을 받고 있다고 착각하며 살았다. 내가 실수하지 않아야만 칭찬받을 수 있었다. 어쩌다가 실수를 하게 되면 혼이 날까 봐 너무나도 무서웠다. 세상이 무너질 듯이 괴로웠다. 나는 무조건 잘해야만 한다는 생각이 무의식에 장착되어버렸다. 어떤 일이든 완벽하게 행동하려고 노력했다. 엄마는 지금도 가끔 어렸을 때 이야기를 꺼내면서 '너는 말썽 한 번 안 부리는 아주 착한 아이였어.'라고 말씀하신다. '착하다.'라는 것이 과연 무슨 의미일까? '착하다.'라는 단어는 아주 애매모호한 단어다. 각자의 관점에 따라 모두 다르게 해석할 수 있다. 보통 부모 입장에서 보았을 때는 자신이 원하는 기준에 아이가 적합하게 행동했을 때 '착한 아이'라고 하는 것 같다. 각자 부모 입장에서 정해놓은 '착하다'는 기준도 모두 다를 것이다. 여기서 '착하다'의 단어를 볼 때 진정한 '선함'의 뜻을 포함하고 있지 않다. 단순히 자기 마음에 쏙 들었을 때만 착한 것이다. 세상의 입장에서 보았을 때 '선하다'는 의미는 일체 바라는 마음 없이 그냥 마음에서 우러나오는 베푸는 마음을 말한다.

하지만 나는 항상 바라는 마음이 많았다. 칭찬과 사랑을 갈구했다. 매번 인정받기 위해 스스로를 채찍질하며 항상 완벽해지기 위해 나를 괴롭혔다. 지금 내가 할 수 있는 것에 만족하지 못하고 항상 더 해야만 했다. 아무리 노력해도 해야 하는 욕심은 끝도 없었다. 그 아무도 나에게 벌하지 않아도 스스로가 벌을 주고 고통스러워하는 것에 익숙해져 있었다. 나는 절대로 그 '선한 사람'이 아니었다.

어느 날은 학원이 너무 가기 싫었다. 그냥 집에서 쉬고 싶었다. 학원을 안 가고 쉴 수 있는 방법을 연구했다. 단순히 어린 마음에 몸이 아프면 가능할 것이라고 생각했다. 그래서 추운 겨울 날 일부러 맨 몸으로 베란다에 나가 2시간을 벌벌 떨었다. 감기에 걸리기만을 기도했다. 아파야 나는 편하게 집에서 쉴 수 있을 거라 생각했다. 학원에 가서 정신적으로 힘들기보다 차라리 육체적인 고통을 택한 것이다. 하지만 그날은 다행히 결국 아무도 집에 들어오지 않았고 감기에도 걸리지 않았다.

엄마 입장에서 본 그 '착한 아이'는 그 어떤 누구보다 선해질 수가 없었다. 왜냐하면 내면에 있는 그 사랑이 채워지지 못했기 때문이다. 늘 사랑에 굶주린 기아 상태였다. 그래서 항상 누군가로부터 그 사랑을 채우기 위해 그렇게 노력한 것이었다. 사랑이 결핍되어 있는 상태에서는 상대가 인정해주지 않으면 너무나도 고통스러운 것이다. 더 이상 잃어버릴 사랑도 없었기 때문이다. 더 이상 잃지 않기 위해 안간힘을 써야 했다. 남들의 인정이라도 받아 내야 했던 것이다. 그래야 덜 아프기 때문이다. 상대로부터 빼앗으려는 마음만 가득 차게 되는 것이다. 내 안의 결핍이 자꾸 자기 것으로 소유하고자 하는 욕심을 만들어내는 것이다. 내가 부족하기 때문에 채워야 살 수가 있는 것이다. 기름 없는 자동차는 앞으로 나아갈 수가 없는 것이다. 모든 사람은 내면에 사랑으로 가득 채워져 있어야 상대에게 베풀 수 있는 마음이 생긴다. 이것은 당연한 것이다. 내 배가 불러야 더 이상 상대방의 음식을 빼어 먹지 않게 된다. 하지만 내가 한 달을 굶었다면 설사 내 음식이 아니라도 살아야 하겠기에 훔쳐서라도 먹으려고 하는 것이다.

우리 모두는 각자 자신의 고유한 빛을 가지고 있다. 어두운 세상을 아름답게 비출 수 있는 별 같은 존재다. 단지 세상에 가려져서 보이지 않을 뿐인데 그 빛이 없다고 생각한다. 이를 스스로 발견하여 이 세상에 내어 놓고 그 기능을 모두 사용해야 한다. 우리가 태어날 때 모두에게 주어진 신의 선물이기 때문이다. 이를 발견하지 못한다면 스스로가 영원한 빛인데도 불구하고 사용 한번 해보지 못하고 그냥 없어지는 것이다. 아무리 많은 기능을 가지고 있는 자동차나 핸드폰을 가지고 있어도 사용법을 모르고 사용하지 않으면 그 기능은 이 세상에 제대로 발휘되지도 못한 채 낡아서 없어진다. 나에게 주어진 것에 감사하는 마음으로 이를 잘 활용하여 누리며 살아야 하지 않겠는가.

우리 모두는 자체만으로 충분하게 완벽한 존재들이다. 태어날 때부터 우리는 모두 이미 풍요로움을 갖추고 태어났다. 그래서 원래는 절대 서로에게 어떠한 대가나 보상을 바라지 않는 것이 정상이다. 그것이 본래 마음인 본성인 것이다. 이렇게 서로 도움을 주고받으며 함께 공존해야 하는 존재들이다. 하지만 살아오면서 모든 내 생각들에 가려져 그 풍요가 없다고 착각하고 있는 것이다. 마치 눈 뜬 장님과 같다. 스스로 가난한 마음을 만들어가면서 이를 채워야 한다며 남의 것을 쟁취하려고만 하고 있다.

항상 인정받기만을 바랐던 나는 친구들 사이에서도 예외는 없었다. 새롭게 반이 편성이 되면 집에서 늘 익숙하게 해왔듯이 쥐죽은 듯 뒤에서 눈동자만 굴리느라 바빴다. 눈에서 레이저를 발동시켰다. 반의 전체적인 분위기와 상황을 먼저 파악하기 시작했다. 날라리 같은 아이, 평범한 아이, 혼자 다니는 아이 등 내 나름대로 머릿속으로 단순히 보여지는 외모와 언행을 보고 친구들을 구분 짓고 있었다. 내가 접근가능하다고 생각되는 친구를 주시하고 있다가 먼저 다가와 말을 걸어주기만을 바랐다. 내가 다가갈 수 있는 용기는 도저히 나질 않았다. 오로지 뒤에서 친구들의 표정, 행동, 말투로 성격을 파악했다. 무서워 보이는 친구는 일단 피했다. 그리고 혼자 있는 친구와도 멀리했다. 혹시라도 내가 같이 붙어 다니다가는 나도 안 놀아줄 것 같았다. 같이 왕따라도 당할까 봐 두려웠다.

나는 일단 밝아 보이는 친구가 먼저 말을 걸어주면 너무나도 고마웠다. 말을 걸어주면 쑥스러운 듯 망설이다 조심스럽게 대화를 시도해나갔다.

하지만 항상 먼저 말을 걸어주지는 않았다. 내 예상과는 달리 아무도 먼저 다가와주지 않았던 때가 있었다. 그때는 나도 어쩔 수 없이 혼자 생활을 하게 되었다. 친구들은 모두 짝을 지어 급식을 먹으러 갈 때 나는 혼자 갔다. 쉬는 시간에 다른 친구들은 삼삼오오 모여 깔깔거리며 즐거워 보였다. 나는 너무나도 외로웠다. 혼자 덩그러니 앉아 있는 내 자신이 싫었다. 왕따처럼 보이기라도 할까봐 쉬는 시간마다 일부러 물을 마시러 나갔다. 예전에는 짧아서 아쉬웠던 그 쉬는 시간이 왜 이렇게 길게 느껴졌는지 괴로웠다. 화장실이 가고 싶지 않은데도 일부러 숨어 있기 위해 화장실 칸막이에 들어가 있다가 수업시간 종이 울리면 재빨리 나와 아무렇지도 않은 척 자리에 앉았다.

성인이 된 이후에도 상대방에게 내 기준에서 완벽하게 보여야만 했다. 약속 당일 날, 얼굴에 뾰루지라도 나면 약속을 취소해버렸다. 단순히 내 얼굴이 마음에 들지 않는다는 이유다. 약속 장소에도 항상 늦게 나가 일부러 바쁜 척했다. 일찍 나가서 기다리고 있으면 괜히 할 일 없는 사람처럼 구질구질해보일 것 같았다. 그렇게 항상 내 자신을 암흑 속에 가두며 살았다. 그리고는 외로워했다. 진정한 '나'로 살아본 내 인생이라고는 없었다. 그저 타인으로부터 만들어진 타인의 노예로 살아온 것이다.

우리는 모두 양면성을 갖고 있다. 내가 원하는 모습으로 얼마든지 바뀔 수 있다. 특정하게 보이는 단면만으로는 절대 함부로 정의 내릴 수 없는 존재다. 사람들은 무엇이든 그 자체를 있는 그대로 보지 않고 '좋다', '나쁘다'와 같이 단순한 이분법적인 논리를 좋아한다. 하나의 정보만으로도 그 정보에 대해 사람들은 말들이 많을 수밖에 없다. 각자 자신의 입장에서 생각하는 것이 모두 다 다르기 때문이다. 그렇다면 각자의 그 '입장'이라는 것을 모두 없애버린다면 그 정보는 그냥 '정보'로만 남아 있을 뿐이다. 그 정보에 각자 해석이라는 아무런 색깔을 입히지 않은 그냥 있는 그대로 말이다.

들판의 풀을 생각하면 무엇이 떠오르는가? 어린아이는 푸릇푸릇 무성하게 자란 풀을 보고 예쁘다면서 사진도 찍고 뛰어놀며 즐거워한다. 반면 농사짓는 사람은 하루가 다르게 자라는 풀이 지긋지긋하다고 표현한다. 풀이 농작물의 영양분을 다 빼앗아 매번 뽑는 수고를 해야 하기 때문이다. 또 어떤 사람은 아예 관심이 없기에 풀을 보고도 좋아하지도 싫하지도 않고 그냥 무심하게 지나간다. 세상에 태어난 '풀' 하나를 두고도 사람들은 느끼는 감정이 다르다. 모두 자기 입장에서만 생각하기 때문이다. 하지만 결론부터 말하자면 풀은 그냥 풀이다. 그 어떤 식으로도 정의 내릴 수 없는 것이다.

그저 세상 입장에서 넓게 보면 풀은 이 세상에 없어서는 안 되는 존재일 뿐이다. 반드시 필요하기 때문에 태어난 것이다. 우리가 이렇게 모든 것들의 장점을 찾아보면 세상에 쓸모없는 것이 아무것도 없다. 모든 존재에 대해 감사하는 마음이 절로 생기게 되는 것이다. 내가 쓸모없다고 생각되는 그 어떠한 것도 이 세상에는 반드시 이롭게 태어난 것이다. 이 것은 확실한 진리이다. 단순히 내 입장에서 단면적으로만 보이는 허황된 내 생각일 뿐이다.

우리의 육신은 영원하지 않다. 태어나서 때가 되면 누구나 다시 사라진다. 지금까지는 가려진 내 마음 때문에 항상 부족한 줄로만 착각해서 세상의 것을 탐내고 빼앗으려고만 했다. 우리의 존재는 원래 풍요로움 그 자체임을 깨달았다. 그 넘쳐나는 풍요를 나눠주기 위해 태어났음을 알게 되는 순간이다.

나는 더 이상 배가 불러 세상 것을 더 욕심내다가는 소화불량에 걸려 체할 것이다. 지금까지 내가 얻은 만큼, 아니 그 이상을 돌려줄 것이다. '나'라는 존재가 육신이 사라지더라도 이 세상에 이롭게 남겨질 수 있도록 살아갈 것이다. 앞으로의 후손들이 나의 덕을 누리고 살아갈 수 있도록 만들어놓고 가는 것이 나의 목표다.

아직도 어딘가 모르게 부족함을 느낀다면 어디서부터 그 내면이 채워지지 못했는지 스스로를 잘 돌아보아야 한다. 충분한 명상을 통해 나의 내면과 만나는 시간을 가져야 한다. 내 존재 자체만으로도 세상이 행복해질 수 있다면 이것보다 더 감사한 일이 또 어디 있겠는가. 우리 모두는 자신이 빛의 존재라는 것을 깨달아 세상을 아름답게 비추어야 한다. 어두운 하늘에 반짝반짝 빛나는 별들이 많으면 얼마나 세상이 더 밝아질까. 그리고 또 얼마나 더 아름다워질까.

08

당신이 행복했으면
좋겠습니다

우리는 보통 타인의 행동을 의식하고 판단하는 데에는 매우 익숙하다. 뉴스를 보다가도 "어떻게 저런 행동을 할 수가 있어? 저런 사람들 보면 진짜 이해가 안 돼. 나는 절대 안 그래!"라며 인간으로서는 할 수 없는 행동이라고 생각한다. 마음에 들지 않은 행동을 한 친구에게 "너는 꼭 여기서 이런 말을 해야겠어? 눈치가 그렇게 없니."라고 면박을 주기도 한다. 하지만 자기 자신을 돌아보는 사람은 극히 드물다. 우리는 보통 타인의 행동을 보고 나는 절대 그러지 않을 것이라고 생각한다. 나 또한 그랬다. 하지만 나는 명상을 통해 모든 상대의 행동은 내 안에 있는 것들이 투영되어 보이는 것임을 깨닫게 되었다. 사실 이것을 깨닫는 데도 꽤 오래 걸렸다. 머리로는 이해가 됐지만 내가 상대 입장이 되지 못하는 의식에서는 절대 이해불가한 행동으로밖에 보이지 않았다. 사회에서 타인에게 해를 끼치는 행동, 상식적으로 말도 안 되는 행동들도 얼마든지 그 상황과 조건에서는 가능한 일이라는 것이다. 축구 경기를 보는데 너무 못하고 있어서 답답해서 죽을 지경이었다. "그쪽이 아니라, 이쪽이라고! 이쪽으로 패스를 하란 말이야!" 내가 그 축구 선수의 입장이 되어보지 않으면 절대 이해할 수 없는 상황이다. 막상 내가 축구를 배운다면 그런 말이 쏙 들어갈 것이다. 모든 상황은 이와 같은 이치다.

내가 가장 믿을 수 없는 사람이 '나'이다. 가끔 스스로 말해놓고도 헷갈릴 때가 있지 않은가. 만약 아니라고 대답했다면 단지 그런 자신의 모습을 아직 발견하지 못한 것이다. 나 역시도 기억력이 좋고 정확한 사람이라고 확신하고 산 사람이었으니까.

나는 저번에 치킨을 주문했을 때 충격적인 일을 경험했다. "사장님, 양념 반, 후라이드 반으로 포장해주세요." 나는 전화로 분명히 양념과 후라이드를 반반씩 시켰다. 그리고 주문한 치킨을 찾으러 갔는데 사장님께서 "아까 후라이드 시키셨죠?" 하시는 것이다. "아닌데요. 저 반반 시켰는데요." 나는 말했다. 사장님은 찍힌 전화번호를 다시 확인하셨다. "전화번

호 끝자리가 9098 아닌가요?" 사장님이 말했다. "맞는데요." 나는 말했다. 사장님은 다시 "아까 후라이드 주문하셨잖아요."라고 했다. 나도 다시 "아닌데, 분명히 반반이라고 말씀드렸어요."라고 했다. 나는 당연히 사장님이 주문이 밀려 너무 바쁜 탓에 정신이 없을 수도 있다고 생각했다.

"저희가 이런 경우가 흔해서 항상 녹음해놓거든요. 들려드릴게요." 사장님께서 말씀하셨다. 나는 말도 안 되는 소리라고 생각했다. 하지만 '어디 한번 들어나보자.' 속으로 비웃으며 집중해서 들었다. 정확하게 "사장님, 후라이드 한 마리 포장해 갈게요."라고 나의 목소리가 녹음되어 있었다. 순간 소름이 끼쳤다. 나의 뇌 속에는 전혀 기억조차 나지 않는 나의 목소리가 녹음기를 통해 나오고 있었다. 누군가 나의 목소리를 추출해서 녹음해놓은 것 같았다. 나를 객관적으로 볼 수 있는 가장 좋은 방법은 기록만 한 게 없었다. 그래서 우리의 뇌를 믿어서는 안 된다. 화장실 들어갈 때와 나올 때의 마음이 다르지 않은가. 살면서 모든 것을 서류상 남기는 이유도 서로 확실한 증거가 될 수 있는 좋은 방편이 될 수 있기 때문이다.

내 눈앞에 벌어진 현실 세계는 더 이상 진짜가 아니라고 과학적으로 증명이 되었다는 것을 이미 알고 있었다. 하지만 나는 계속해서 이를 진짜라고 믿고 살아왔다. 지극히 현실주의자였던 나는 현실이 전부였기에 도저히 이해불가였기 때문이다. 나의 뇌는 언제라도 자기가 유리한 방향으로 나를 끌고 가기 마련이다. 이것은 절대 세상 그대로가 아니었다. 다시는 이 소꿉장난에 놀아나지 않을 것이라고 다짐했다. 사람들의 입 밖으로 나오는 모든 말들은 주관적인 자신의 생각일 뿐이다. 모두 자신의 마음세계를 드러내고 있는 것이다. 진짜 세상은 세상만이 증명할 수 있는 것이다. 인간은 절대 세상을 있는 그대로 전달할 수 없는 존재다.

처음에는 '내가 성공한 사람도 아닌데 책을 쓸 수 있을까. 일단 성공을 하고 무언가를 이루고 나서 써보자.'라고 책을 쓰고는 싶었지만 아직 준비가 되지 않아 자신감이 없었다. 하지만 나는 성공을 못 했기 때문에 당장 책을 써야만 했다. '성공해서 책을 쓰는 것이 아니라 책을 써야 성공하는 것이다.'라는 김태광 대표님의 말씀이 더욱더 뼈저리게 와닿았던 순간이었다. 그 당시 나는 7년간 치료에만 집중하느라 벌어놓은 돈은커녕 병원비로 부모님께 빚만 잔뜩 늘려 놓은 상태였다. 나는 모든 면에서 준비되지 않은 상태였다. 그래서 더 책을 써야 한다고 생각했다. 애초에 완벽한 상태에서 무엇을 시작한다는 것은 이치에 맞지 않다. 누구나 어떤 일을 시작하면서 실수를 저지르고 그 안에서 성장하는 것이다. 그러면서 완벽한 상태로 만들어지는 것이지 처음부터 완벽한 상태에서 시작하는 사람은 이 세상에 아무도 없다. 어불성설이다. 과거의 완벽주의자였던 나의 모습을 집어던져놓고 일단 무조건 도전부터 했다.

비록 처음에는 '감사일기'로 글을 쓰기 시작했지만 지금은 매일 손가락이 보이지 않을 정도로 타자를 두드리고 있다. 세상 사람들과 함께 내가 그동안 깨달은 모든 것들을 공유하고 싶었다. 나는 고통 속에서 벗어날 수 있었던 방법을 찾아내었고 지금 너무나도 행복한 삶을 누리고 있다. 이를 널리 알려 모두가 이 행복을 누렸으면 하는 마음이 간절했다. 글 쓰는 일은 단순히 책을 집필하는 것에만 목적을 두지 않았다. 이젠 밥을 먹는 것과 같이 내 삶의 일부가 되어버렸다. 나에게 글쓰기는 나를 돌아볼 수 있는 또 다른 명상법이자 나의 의식을 성장시킬 수 있는 아주 강력한 수단임을 확신했기 때문이다.

운명이나 인생을 바꾸기란 쉽지 않은 일이다. 사과나무 위에서 아무리 가지치기를 한다고 해도 사과나무에서 포도가 열리지는 않는다. 포도가 먹고 싶다면 포도 씨를 심어야 하는 것이다. 내가 원하는 삶이 있으면 그 씨앗을 바꾸어 심으면 된다. 그 씨앗은 바로 나의 생각이다. 모든 것의 근본뿌리는 나의 생각에서부터 시작되는 것이다. 내가 살아온 삶과 습관에서 묻어나온 모든 생각들은 나의 무의식에 장착되어 있다. 이것이 나의 습관으로 자리 잡고 있는 것이다. 이 습관은 내가 원하지 않아도 자동적으로 나의 몸을 움직이고 행동하게 만든다. 지금 나의 기존 습관이 마음에 들지 않은가? 내가 원하는 방향대로 몸을 움직이고 싶은가? 그렇다면 기존의 무의식 장치를 버리고 내가 원하는 새로운 장치로 갈아 끼우면 되는 것이다. 내가 내 몸의 주인이니 언제든지 바꿀 수 있다.

매일 일상에서 반복되는 모든 환경을 먹이로 하여 무의식이 만들어진다. 나도 모르게 보고 듣고 느끼는 모든 것들이 매일 반복되는 이유가 있다. 뇌는 익숙한 것을 좋아한다. 뇌는 반복되는 모든 것을 기억해두었다가 그것을 계속하려고 하는 습성이 있다. 반복되는 행동을 자동으로 할 수 있도록 하나의 회로로 장착시켜놓는 것이다. 그래서 내가 억지로 노력하지 않아도 몸이 저절로 움직이게 되는 것이다. 자동 시스템화가 되는 것이다.

한국 사람이 김치 없이 못 사는 이유가 바로 여기에 있다. 우리는 아주 어려서부터 먹어왔던 음식이 익숙하고 익숙한 것을 뇌는 자꾸 끌어당긴다. 김치를 보면 그 이미지를 떠올리게 되고 먹고 싶게 만드는 회로가 이미 우리의 뇌 속에 장착되어 있는 것이다. 내가 어떤 환경에 젖어 있었느냐에 따라 행동이 다르게 나오는 것이다. 무엇이든지 뿌린 대로 거두는 것이다. 식물들도 매일 긍정적인 말과 칭찬을 해주면 건강하게 잘 자라고 욕을 하고 부정적인 말을 하면 금방 죽어버린다.

나는 이 모든 원리를 이해하고 난 후, 새로운 무의식을 장착시키기 위해 노력했다. 매일 기상 직전과 잠들기 직전에 긍정확언을 직접 녹음해 들었다. 그 문장을 들었을 때의 감정을 온몸으로 느꼈다. 매 순간 나를 돌아보며 나와 끊임없이 대화를 시도했다. 외부에 하는 소리를 모두 닫고 항상 나에게 질문하고 내 안에서 하는 소리에 귀를 기울였다. 매 순간 나의 기분과 감정을 적어나갔다. 그리고 기분이 좋지 않다면 왜 안 좋은지 계속해서 사유했다. 나의 모든 감정을 일거수일투족 글로 남겼다. 나의 상태를 더 객관적으로 확인할 수 있었기 때문이다. 그리고 이 감정의 원인을 스스로 찾아내었다. 내가 현재 가지고 있는 모든 감정과 생각은 과거에 내가 만들어낸 허구임을 알아차렸다. 그렇다면 이 감정은 어차피 내가 만들어낸 가짜이니 그곳에 끌려갈 필요가 없었다. 나의 감정과 소통하는 법을 하나씩 배워나가기 시작했다. 매일 '감사일기'와 '필사'를 꾸준히 했다. 현재 없는 것에 초점을 두기보다 이미 세상에게 받은 것에만 초점을 두기 시작했다. 나의 장점을 적어나갔다. 그리고 내가 원하는 것들을 버킷리스트에 하나씩 적기 시작했다. 쓰면서도 마음이 설레고 상상만으로도 너무 행복했다. 모든 것은 단 한 번의 의심도 없이 반드시 이루어질 거라고 믿었다. 아주 사소한 것이라도 매 순간 내가 행복한 감정을 느낄 수 있는 것이라면 무조건 했다. 조금이라도 불편한 감정이 생기면 내 영혼이 아프다는 신호임을 알아차리고 어떻게 해서든 행복하게 만들어주려고 노력했다. 그렇게 하루 24시간을 시간 가는 줄도 모를 만큼 즐거운 일을 하며 시간을 보냈다.

내가 갖고 있는 문제는 오로지 나만 해결해낼 수 있었다. 그 누구도 내 소변을 대신 봐줄 수 없지 않은가. 모든 순간에서 나를 알아차리는 것만으로도 절반은 성공한 것이다. 해결을 하고 싶어도 어디에 문제가 있는지 알 수 없는 것만큼 답답한 일이 없다. 우리가 몸을 고치기 위해서도 진단에 따른 치료를 받듯이 나의 마음도 병이 들었다면 어디가 문제인지 스스로 진단하여 이를 해결할 수 있는 방법을 스스로 찾아가야 한다. 그리고 방법을 찾았다면 이제 그 방법으로 아팠던 부분을 치료해주면 되는 것이다.

 행복은 모든 것이 완벽한 상태를 말하지 않는다. 모든 상황이나 조건이 완벽한 상태가 이루어졌을 때만 행복하다면 분명 그렇지 못한 상황에서는 불행할 것이다. 부족하더라도 그 부족함 속에서 나에게 주어진 것을 발견하고 감사할 줄 아는 사람만이 행복을 느낄 수 있다. 인생은 천국과 지옥이 모두 공존한다. 결국 이 모든 면을 있는 그대로 수용할 줄 알고 즐길 수 있다면 천국도 지옥도 없는 것이다. 그냥 그 순간을 즐겁고 재미나게 사는 것이다. 나는 당신이 이 책을 다 읽고, 덮는 순간 반드시 행복의 참맛을 느낄 수 있게 될 것이라고 믿어 의심치 않는다.

에필로그

나는 이제껏 나의 생각이 당연히 옳다고 판단했다. 그 누구보다도 똑부러지게 살고 있었다고 자부했다. 내가 부족하다고 생각될 때는 세상이 전하는 수많은 정보와 지식들을 공부하며 머릿속에 입력했다. 미디어와 대중매체로 전달되는 모든 정보들이 진짜라고만 믿었던 것이다. 하지만 그런 정보들이 더 이상 객관적인 진실이 아니었음을 알게 된 순간, 내가 먹어 치운 모든 정보와 생각들을 비워내기 시작했다. 그때서야 비로소 진짜 세상을 바라볼 수 있는 지혜가 드러났다.

나는 지금 내가 그토록 원했던 행복을 매 순간 느끼며 그 누구보다도 즐거운 인생을 살아가고 있다. 행복은 이 세상에 태어난 사람이라면 누구나 누릴 수 있는 당연한 조건인 것이다. 우리가 살고 있는 이 세상은 내가 고통과 시련으로만 느꼈던 그런 전쟁 통이 더 이상 아니었음을 깨달았다. 누구든 고통스런 삶을 겪고 있다면 반드시 그것에서 벗어날 수 있는 법이 있다는 것을 나는 매우 잘 알고 있다. 그렇다면 이제 우리 모두가 그토록 원했던 그 행복을 누려야 할 때다. 우리의 존재가 세상의 빛이 되어 이 세상을 더욱더 밝게 비추어야 한다.

이제껏 불행과 가난을 달고 살았던 내가 이 모든 것을 해결할 수 있었던 것은 의식의 성장 덕이었다. 힘듦 속에서 극복하고 살아갈 수 있었던 방법은 나의 모든 관념에서 벗어나 의식을 키우는 방법밖에는 없었다. 의식이 우리의 모든 것을 지배하고 있다. 의식을 키워나간다면 우리 모두가 그토록 원했던 경제적, 시간적, 관계적인 자유와 행복을 마음껏 누릴 수 있게 되는 것이다. 내가 아프면서 깨닫게 된 모든 것들을 더 이상 나만 알고 있을 수는 없었다. 이제 이 모든 것을 세상 사람들과 함께 공유하며 행복한 삶을 꾸려나가고 싶다. 세상에 이로운 존재로서 무조건적 사랑을 베푸는 것이 지금 내가 살아가는 이유이자 목적이다. 나의 존재로 인해 단 한 사람이라도 자신의 행복을 채울 수 있다면 내가 이 세상에 태어나서 해야 할 임무는 다한 셈이다.

고통 속에서 살아가고 있는 세상 사람들을 보며 행복의 나라로 함께 가길 기원하는 마음에서 떠오르는 영감대로 써내려간 시다.

깜깜한 암흑이 가득한 동굴 속에 갇혀 있는 영혼들아!
희망의 동아줄이 바로 여기 있구나.
바로 눈앞에서 아무리 내밀어보아도 너무 어두워서 보이질 않는구나.
얼마나 그 어둠속에서 혼자 무서웠을까.
이리 치이고 저리 치이며 얼마나 힘들었을까.
당신의 그 모든 상처가 아물 수 있도록 항상 여기 이 자리에 있을 테니
언제라도 가자꾸나.

잃어버렸던 당신의 행복을 찾아가는 여정을 함께 하자꾸나.

행복이 있는 그곳으로 우리 함께 가자꾸나.

이제는 평온만 가득한 이 세상에서 행복만을 누리며 살자꾸나.

삶을 즐겨라, 그대 자신이 되라